航空运输类专业系列教材

民航客舱服务实务

何 梅 主编
修 楠 陈晓燕 吴甜甜 副主编

电子工业出版社
Publishing House of Electronics Industry
北京·BEIJING

内 容 简 介

"民航客舱服务"是空中乘务专业的核心专业课,主要目标是培养学生的客舱服务知识和技能,为其今后从事空中乘务工作打下坚实的基础。本书依据民航乘务员国家职业技能标准和国际航空运输协会乘务岗位要求,按照民航客舱服务的工作特点设计了民航乘务员职业概述、客舱服务设备与管理、民航乘务员服务职责、客舱服务程序、特殊旅客服务和民航乘务员的健康生活方式共六章的内容。此外,还附加了客舱广播词和特殊餐食介绍。

本书既可以作为高等院校和职业院校民航运输类专业的教材,也可以作为民航从业人员的参考用书。

未经许可,不得以任何方式复制或抄袭本书之部分或全部内容。
版权所有,侵权必究。

图书在版编目(CIP)数据

民航客舱服务实务/何梅主编. —北京:电子工业出版社,2021.6
ISBN 978-7-121-41436-7

Ⅰ. ①民… Ⅱ. ①何… Ⅲ. ①民用航空-旅客运输-商业服务-高等职业教育-教材 Ⅳ. ①F560.9

中国版本图书馆 CIP 数据核字(2021)第 124741 号

责任编辑:朱怀永　　　特约编辑:田学清
印　　刷:固安县铭成印刷有限公司
装　　订:固安县铭成印刷有限公司
出版发行:电子工业出版社
　　　　　北京市海淀区万寿路 173 信箱　　邮编　100036
开　　本:787×1092　1/16　印张:10.25　字数:225 千字
版　　次:2021 年 6 月第 1 版
印　　次:2025 年 7 月第 6 次印刷
定　　价:39.80 元

凡所购买电子工业出版社图书有缺损问题,请向购买书店调换。若书店售缺,请与本社发行部联系,联系及邮购电话:(010)88254888,88258888。

质量投诉请发邮件至 zlts@phei.com.cn,盗版侵权举报请发邮件至 dbqq@phei.com.cn。

本书咨询联系方式:(010) 88254608,zhy@phei.com.cn。

航空运输类专业系列教材
建设委员会

主任委员

马广岭（海航集团）
马　剑（北京临空国际技术研究院）
杨涵涛（三亚航空旅游职业学院）
李宗凌（奥凯航空有限公司）
李爱青（中国航空运输协会）
李殿春（香港航空公司）
吴三民（郑州中原国际航空控股发展有限公司）
李　赛（国际航空运输协会）
迟　焰（北京航空航天大学）
张武安（春秋航空股份有限公司）
张宝林（西安交通大学）
陈　燕（中国航空运输协会）
郑　越（长沙航空职业技术学院）
耿进友（北京外航服务公司）
黄　伟（重庆机场集团）
綦　琦（广州民航职业技术学院）

副主任委员

王　帅　　江洪湖　　汤　黎　　陈　卓　　陈晓燕　　何　梅　　何　蕾
罗良翌　　赵晓硕　　赵淑桐　　廖正非　　熊盛新

委　员

马晓虹	马爱聪	王　东	王　春	王　珺	王　蓓	王冉冉	王仙萌	王若竹
王远梅	王慧然	方凤玲	邓娟娟	孔庆棠	石月红	白冰如	宁　红	邢　蕾
先梦瑜	刘　科	刘　琴	刘　舒	刘连勋	刘晓婷	许　赟	许夏鑫	江　群
范　晔	杜　鹤	杨　敏	杨青云	杨祖高	杨振秋	李广春	吴甜甜	吴啸骅
汪小玲	张　进	张　琳	张　敬	张桂兰	陆　蓉	陈李静	陈晓燕	金　恒
金良奎	周科慧	庞　荣	郑菲菲	赵　艳	郝建萍	胡元群	胡成富	冒耀祺
鸥志鹏	钟波兰	姜　兰	拜明星	姚虹华	姚慧敏	夏　爽	党　杰	徐　竹
徐月芳	徐婷婷	高文霞	郭　凤	郭　宇	郭　沙	郭　婕	郭珍梅	郭素婷
郭雅荫	郭慧卿	唐红光	曹义莲	曹建华	崔学民	黄　山	黄　华	黄华勇
章　健	韩奋畤	韩海云	程秀全	傅志红	焦红卫	湛　明	温　俊	谢　芳
谢　苏	路　荣	谭卫娟	熊　忠	潘长宏	霍连才	魏亚波		

总策划　江洪湖

协助建设单位

国际航空运输协会	长沙南方职业学院	武汉东湖光电学校
春秋航空股份有限公司	长沙商贸旅游职业技术学院	闽西职业技术学院
奥凯航空有限公司	长沙民政学院	黄冈职业技术学院
香港快运航空公司	南京航空航天大学	衡水职业技术学院
重庆机场集团	浙江旅游职业学院	山东海事职业学院
北京外航服务公司	潍坊工程职业学院	安徽建工技师学院
北京临空国际技术研究院	江苏工程职业技术学院	安徽国防科技职业学院
郑州中原国际航空控股发展有限公司	江苏安全技术职业学院	惠州市财经职业技术学院
	湖南生物机电职业技术学院	黑龙江能源职业学院
杭州开元书局有限公司	河南交通职业技术学院	北京经济技术管理学院
三亚航空旅游职业学院	浙江交通职业技术学院	四川文化传媒职业学院
广州民航职业技术学院	新疆天山职业技术学院	济宁职业技术学院
浙江育英职业技术学院	正德职业技术学院	泉州海洋职业学院
西安航空职业技术学院	山东外贸职业学院	辽源职业技术学院
武汉职业技术学院	山东轻工职业学院	江海职业技术学院
武汉城市职业学院	三峡旅游职业技术学院	云南经济管理学院
江西青年职业学院	郑州大学	江苏航空职业技术学院
长沙航空职业技术学院	滨州学院	山东德州科技职业学院
成都航空职业技术学院	九江学院	河南工业贸易职业学院
上海民航职业技术学院	安阳学院	兰州航空工业职工大学
南京旅游职业学院	河南工学院	四川交通职业技术学院
西安交通大学	中国石油大学	烟台工程职业技术学院
三峡航空学院	厦门南洋学院	重庆第二师范学院
西安航空学院	广州市交通技师学院	南阳师范学院
北京理工大学	吉林经济管理干部学院	成都文理学院
北京城市学院	石家庄工程职业学院	郑州工商学院
烟台南山学院	陕西青年职业学院	云南旅游职业学院
青岛工学院	廊坊职业技术学院	武汉外语外事职业学院
西安航空职工大学	廊坊燕京职业技术学院	德阳川江职业学校
南通科技职业学院	秦皇岛职业技术学院	武汉外语外事职业学院
中国民航管理干部学院	广州珠江职业技术学院	湖北交通职业技术学院
郑州航空工业管理学院	广州涉外经济职业技术学院	

《民航客舱服务实务》
编委会

主　编　何　梅

副主编　修　楠　陈晓燕　吴甜甜

参　编　顾静怡

前言

本书定位于空中乘务、空中安全员、航空服务等专业相关课程使用的教材，具有专业性、实用性和灵活性等特点，也可作为民航客舱服务人员的参考书。本书内容分为六章，主要包括民航乘务员职业概述、客舱服务设备与管理、民航乘务员服务职责、客舱服务程序、特殊旅客服务和民航乘务员的健康生活方式。

本书基于培养熟悉客舱服务程序、熟练掌握客舱服务技能的高技能空乘人才的教学理念，在编写过程中参考了多方内部资料，在内容上注重理论与实践紧密结合，突出对民航乘务员工作程序和岗位技能的讲述，具有真实性和可操作性。通过对本书的学习，读者能深入了解民航乘务岗位相关专业知识、工作程序和标准，全面提升从事客舱服务的职业技能并达到乘务岗位职业标准的要求，为未来从事民航乘务工作奠定基础。

本书的编写者分别来自三亚航空旅游职业学院、中国南方航空、海南航空、武汉城市职业学院、浙江旅游职业学院。本书由何梅任主编并负责全书的统稿工作，修楠、陈晓燕、吴甜甜任副主编，顾静怡参与编写。本书在编写过程中得到了三亚航空旅游职业学院的领导和工作人员的大力支持，在此对参与该书出版的人员表示衷心的敬意和感谢！

如有老师需要教学资源，请和作者联系，QQ：228651816（邮箱：228651816@qq.com）。

由于编者水平有限，本书难免存在一些不足和缺陷，敬请读者批评指正并提出修改意见，我们将不胜感激并定期进行修订，以期不断完善。

编 者
2020 年 12 月

目 录

第一章 民航乘务员职业概述 ··· 1

第一节 民航乘务员职业的历史和起源 ······································ 1
一、民航乘务员职业的历史 ·· 1
二、民航乘务员职业的起源 ·· 3

第二节 民航乘务员职业的主要职责和挑战 ·································· 4
一、民航乘务员的值勤期和工作生活 ·· 4
二、民航乘务员职业的优点和挑战 ·· 6

第三节 民航乘务员招聘标准 ·· 8
一、求职简历和申请 ·· 8
二、乘务员培训 ·· 9

第四节 民航乘务员岗位要求 ·· 9
一、民航乘务员岗位的最低要求 ·· 9
二、民航乘务员岗位的基本技能和素质 ······································· 10

第五节 民航乘务员仪表与行为规范 ······································· 11
一、民航乘务员的仪容与仪表标准 ··· 11
二、民航乘务员的行为规范 ··· 13

第二章 客舱服务设备与管理 ·· 16

第一节 飞机基本构造 ··· 16
一、飞机的组成部分 ··· 16
二、飞机外部车辆的停靠位 ··· 18

第二节 飞机舱门 ··· 18
一、飞机舱门的结构 ··· 18

二、开启和关闭舱门的操作 ……………………………………… 22
　　三、舱门第一负责人 ……………………………………………… 24
　　四、当对接客梯车时，开启/关闭舱门操作流程 ………………… 24
第三节　驾驶舱设备 …………………………………………………… 24
　　一、驾驶舱简介 …………………………………………………… 24
　　二、驾驶舱相关设备 ……………………………………………… 25
　　三、驾驶舱舱门的开启 …………………………………………… 26
　　四、注意事项 ……………………………………………………… 27
第四节　服务设备 ……………………………………………………… 27
　　一、服务间设备 …………………………………………………… 27
　　二、厨房设备 ……………………………………………………… 35
　　三、洗手间设备 …………………………………………………… 45
第五节　客舱设备 ……………………………………………………… 52
　　一、客舱行李架 …………………………………………………… 52
　　二、旅客座位标识 ………………………………………………… 53
　　三、旅客服务组件 ………………………………………………… 54
　　四、旅客座位上的设备 …………………………………………… 54
　　五、头等舱设备 …………………………………………………… 55
　　六、经济舱设备 …………………………………………………… 57
第六节　客舱标牌 ……………………………………………………… 58
第七节　客舱环境管理 ………………………………………………… 59
　　一、客舱内环境管理 ……………………………………………… 59
　　二、服务间环境管理 ……………………………………………… 60
　　三、洗手间环境管理 ……………………………………………… 60
　　四、厨房环境管理 ………………………………………………… 60
　　五、客舱记录本管理 ……………………………………………… 60
　　六、客舱内脱落物处置 …………………………………………… 61
　　七、客舱异味处置 ………………………………………………… 62

第三章　民航乘务员服务职责

第一节　民航乘务员的岗位职责 ……………………………………… 64
　　一、民航乘务员岗位及其职责 …………………………………… 64

二、波音737飞机乘务员的岗位职责 …………………………………… 66

第二节　民航乘务员迎送旅客站位 ……………………………………………… 71

　　一、在对接廊桥时，乘务员迎送旅客站位 ……………………………… 71

　　二、在对接客梯车时，乘务员迎送旅客站位 …………………………… 72

第三节　旅客管理 ………………………………………………………………… 72

　　一、营造旅客服务环境 …………………………………………………… 73

　　二、提供安全和服务 ……………………………………………………… 74

第四章　客舱服务程序 …………………………………………………………… 77

第一节　客舱服务技能 …………………………………………………………… 77

　　一、客舱服务基础技能 …………………………………………………… 77

　　二、饮料服务技能 ………………………………………………………… 80

　　三、餐食服务 ……………………………………………………………… 85

　　四、特殊餐食介绍 ………………………………………………………… 88

第二节　客舱服务——预先准备阶段 …………………………………………… 89

　　一、航前准备工作 ………………………………………………………… 89

　　二、航前签到 ……………………………………………………………… 90

　　三、航前准备会 …………………………………………………………… 90

　　四、进场及登机 …………………………………………………………… 92

第三节　客舱服务——直接准备阶段 …………………………………………… 93

　　一、航前检查及准备工作 ………………………………………………… 93

　　二、迎客前的检查及准备工作 …………………………………………… 96

　　三、低号位乘务员的工作流程 …………………………………………… 97

第四节　客舱服务——空中实施阶段 …………………………………………… 97

　　一、国内航线分类 ………………………………………………………… 98

　　二、起飞前工作 …………………………………………………………… 98

　　三、起飞后工作 …………………………………………………………… 100

　　四、落地后工作 …………………………………………………………… 101

第五节　客舱服务——航后讲评阶段 …………………………………………… 102

　　一、航后讲评会 …………………………………………………………… 102

　　二、物品交接 ……………………………………………………………… 103

　　三、其他事项 ……………………………………………………………… 103

第五章 特殊旅客服务 …… 104

第一节 特殊旅客服务概述 …… 104
一、迎客接待 …… 105
二、空中服务 …… 105
三、落地前信息沟通 …… 105
四、落地后交接工作 …… 105

第二节 特殊旅客服务工作 …… 105
一、残疾旅客的服务工作 …… 105
二、老年旅客的服务工作 …… 111
三、无人陪伴儿童的服务工作 …… 113
四、婴儿旅客的服务工作 …… 114
五、孕妇旅客的服务工作 …… 116
六、其他特殊旅客的服务工作 …… 117
七、特殊旅客细微服务标准 …… 118

第六章 民航乘务员的健康生活方式 …… 122

第一节 营养与锻炼 …… 122
一、良好的营养 …… 122
二、健康习惯 …… 122
三、民航乘务员个人护理和保健 …… 123
四、与航空旅行相关的环境风险 …… 124

第二节 民航乘务员的生活方式与工作压力 …… 125
一、民航乘务员的生活方式 …… 125
二、民航乘务员的工作压力 …… 126

附录A 客舱广播词 …… 128
附录B 特殊餐食介绍 …… 148
附录C 客舱服务语言规范 …… 150

第一章　民航乘务员职业概述

知识目标

(1) 了解民航乘务员职业的发展历史。
(2) 了解民航乘务员典型的日常生活。
(3) 了解民航乘务员职业的机遇与挑战。

能力目标

(1) 掌握民航乘务员录用标准。
(2) 掌握民航乘务员的仪容与仪表礼仪。
(3) 掌握民航乘务员的行为规范。

第一节　民航乘务员职业的历史和起源

1914年1月1日，全球首个定期商业航班从美国佛罗里达州的圣彼得堡飞往坦帕，飞机上只有一名飞行员和一名乘客。从此，商业航空运输改变了世界。

一、民航乘务员职业的历史

航空业的发展经历了一系列重大的里程碑事件，这些事件造就了整个行业，随之出现了一些新的工种，其中就包括民航乘务员（简称乘务员）。在航空业发展初期，由于科技落后，机舱设计非常狭窄，当时的航空运输以航空邮件、观光或军事用途为主，机舱内只能勉强搭载两名乘客，根本容不下乘务员。

第一位"机舱乘务员"是一位名叫Heinrich Kubis的男性（见图1-1），1912年，他在德国的士瓦本飞船航空公司工作。

1922年，英国的戴姆勒航空公司开始聘用"客舱服务生"为旅客提供客舱服务。"客舱服务生"的职责包括：为旅客办理乘机手续、进行邮件和行李的称重和装载、确保旅客在飞行中感到舒适和安心。直到20世纪20年代后期，航空公司才开始在客舱为旅客提供简单的热餐（见图1-2）。

图1-1　首位机舱乘务员 Heinrich Kubis

图1-2　1928年汉莎航空首次在航班上提供热餐

1930年，波音公司聘用了第一位女性乘务员艾伦·丘奇（见图1-3）。随后，欧洲各航空公司纷纷效仿波音公司，开始聘用女性作为乘务员为旅客提供客舱服务。

图1-3　第一位女性乘务员艾伦·丘奇

如今，乘务员在安全、安保和服务方面承担着重大责任，这与他们早期从事的装运邮件和行李的工作有着天壤之别。

二、民航乘务员职业的起源

艾伦·丘奇是一名训练有素的护士，还持有飞行员执照。1929 年的一天，艾伦·丘奇在旧金山街头浏览商场橱窗时，碰巧看到波音公司招聘男性乘务员的广告。于是，艾伦·丘奇鼓起勇气拜见了波音公司旧金山办事处的经理史蒂夫·史蒂普逊。艾伦·丘奇想从事乘务员这一新奇的职业，在当时看来简直是破天荒的大事件。史蒂夫·史蒂普逊被艾伦·丘奇大胆的求职行为感动，于是给上司写了一封信，建议开展一次为期三个月的女乘务员培训。几经周折，最后波音公司同意了这项培训计划。事实上，艾伦·丘奇最终被波音公司聘用，是因为她的护士身份。因为当时的飞机舒适性较差，聘用一名护士有助于安抚乘客的紧张情绪。

其后，在艾伦·丘奇的帮助下，波音公司又招募到了另外七名女士，她们大多具有护士资格。史蒂夫·史蒂普逊为这八位女士专门设置了"空中小姐"岗位，并任命艾伦·丘奇为乘务长，让她与其他七位女士一同代表公司在飞机上工作，她们被称为"最初的八人"（见图 1-4）。1930 年 5 月 15 日，这批女乘务员执行了由旧金山飞往芝加哥的首次飞行任务。

图 1-4 "最初的八人"

八位女士在飞机上身着深绿色的制服，上身是双排银扣的羊毛套装，外面还有一层同样质地的披肩，这是为了在透风的机舱内保暖而设计的。披肩上的口袋非常大，能装进一把扳手和一把螺丝刀，这样才能保证将乘客的柳条椅固定在机舱的地板上。除了将座椅固定在地板上和提供餐饮服务，她们还肩负起在机舱内打死小飞虫、保持乘客情绪镇静和打扫厕所的责任。在飞行结束后，她们有时还要帮忙将飞机推进飞机库。

通过对历次事故以及安全措施的研究，人们逐渐意识到在紧急情况下乘务员对旅客的安全和安保起着关键的作用。自20世纪50年代起，各国政府和管理机构开始要求商业客机上的乘务员必须接受全面的飞行安全程序培训。乘务员的培训随着时代的发展而发展，在旅客的安全和安保方面，乘务员发挥着日益重要的作用。目前，各国乘务员培训都要遵守严格的规则，全球有超过300000名乘务员保障着旅客们的舒适和安全。

第二节　民航乘务员职业的主要职责和挑战

无论在哪种类型的航空公司工作，乘务员的主要工作职责都大同小异。乘务员的主要工作职责划分为安全、安保和服务三大类，每一大类又包含了各种充满挑战性的项目。虽然乘务工作给乘务员带来了丰厚的回报，但乘务员必须面对与之相伴的责任和挑战。

一、民航乘务员的值勤期和工作生活

中国民航《大型飞机公共航空运输承运人运行合格审定规则》对乘务员的值勤期和飞行时间做了限制，目的是防止短暂性疲劳和积累性疲劳，保证乘务员在值勤期和飞行时间内有充沛的精力履行职责。

（一）乘务员的值勤期

值勤期：指机组成员在接受飞行任务后，从为了完成该次任务而到指定地点报到的时刻开始（不包括从居住地或者驻地到报到地点所用的时间），到解除任务的时刻为止的连续时间段。在一个值勤期内，如果机组成员能在有睡眠条件的场所内得到休息，则该休息时间可以不计入该值勤期的值勤时间。

休息期：指从机组成员到达休息地点起，到为执行下一次任务离开休息地点为止的连续时间段。在该段时间内，航空公司不得为员工安排任何工作和给予任何干扰。为了完成指派的飞行任务，乘务员乘坐交通工具往来于驻地和值勤地点的时间不得计入休息期。

1. 乘务员的值勤期限制和休息要求

（1）当按照最低数量配备乘务员时，乘务员的值勤期不得超过14小时，在值勤期后应当安排至少10个连续小时的休息期，这个休息期应当安排在一个值勤期结束时刻与下一值勤期开始时刻之间。

（2）当在最低数量配备上增加客舱乘务员人数时，客舱乘务员的值勤期限制和休息期要求应当符合如下规定。

① 增加1名乘务员，值勤期不得超过16小时。增加2名乘务员，值勤期不得超过

18 小时。

② 增加 3 名或者 3 名以上乘务员，值勤期不得超过 20 小时。

（3）在乘务员的值勤期内，如果按照正常情况能够在限制时间内终止值勤期，但由于运行延误，所安排的飞行没有按照预计时间到达目的地，超出了值勤期的限制时间，则不认为该乘务员在排班时超出了值勤期限制。在这种情况下，实际值勤期最多不得超过上述规定的值勤期 2 小时，或者延长至可以将飞机安全地降落在下一个目的机场或备降机场。

2. 乘务员的累积飞行时间、值勤时间限制

乘务员在飞机上履行安全保卫职责的时间应当记入乘务员的飞行时间，乘务员不得接受超出以下规定限制的累积飞行时间和值勤时间限制：

（1）任一日历月，100 小时的飞行时间；

（2）任一日历年，1100 小时的飞行时间；

（3）任何连续 7 个日历日，70 小时的飞行值勤期；

（4）任一日历月，230 小时的飞行值勤期。

（二）乘务员的工作生活

每个航空公司的乘务员计划室会在固定时间发布乘务员航班计划表。乘务员可在该计划表发布后确认自己的飞行任务，但必须在执行飞行任务前一天再次确认所飞航班。

乘务员在飞行前一天晚上就要准备飞行箱，除了个人物品，乘务员还必须按照航空公司的要求携带每次飞行都需要的物品，在飞行前乘务长会进行例行检查。大多数航空公司要求乘务员随身携带以下物品。

（1）按规定穿着的制服，其中手表也是制服的一部分。

（2）带上最新版本的《客舱乘务员手册》或《安全和应急程序手册》。

（3）飞行证件：客舱乘务员训练合格证、体检合格证、中国民航空勤登机证、安全员训练合格证，在外站过夜还需携带身份证，飞国际航班还需要携带护照和黄皮书。

（4）物品：准备熨烫平整的制服和围裙，带齐号码牌、手表、笔、平底鞋、化妆品、丝袜、备份眼镜、手电筒等物品。手电筒一般由公司配发，也可能由乘务员自行购买。

乘务员在上机前需要参加由乘务长主持的航前准备会，航空公司通常要求乘务员在航班起飞前两小时到达机场。开会地点可以在办公室，也可以在飞机上，具体地点由航空公司规定，或者根据当时条件决定。在航前准备会上，乘务长将根据乘务组员的飞行资历进行工作安排，对飞行相关信息进行提问和讨论，检查乘务组员是否掌握安全措施和程序，确认乘务组员已明确在飞行前和飞行中将要承担的工作。

在航前准备会结束后，机组成员统一进场登机。登机时间取决于机型和航班性质，通常在飞机起飞前 45 分钟或 1 小时登机。在登机后，每个乘务员根据所分配的区域开展应急设备检查、安保和厨房设备检查、整理客舱等工作，完成整个工作过程需要乘务组员间的协调配合。在所有工作完成后，乘务员准备迎接旅客登机。

在旅客登机时，头等舱和公务舱的旅客会享受到更加个性化的服务，如登机礼遇、饮料服务、报纸服务、存放外套服务等。与此同时，乘务员还要确保经济舱旅客的安全和舒适。在旅客登机阶段，乘务员需完成的工作包括：

（1）帮助旅客安放行李；

（2）引导旅客入座；

（3）按照要求向特殊旅客和紧急出口处的旅客进行专门服务和介绍；

（4）回答旅客的问题；

（5）提供枕头、毛毯和杂志的服务。

在飞机起飞前，乘务员必须确保旅客均已就座，行李妥善存放，洗手间、储物格和隔间都已检查并上锁。在完成以上工作后，所有乘务员在指定的乘务座椅就座。

在整个飞行过程中，乘务员都要持续观察并保证每一位旅客遵守民航安全和安保规定。在飞机爬升到一定高度后，乘务员开始提供客舱服务。短途飞行的客舱服务很简单，可能只提供饮料。在长途飞行中，可能要提供数次餐饮服务。在远程国际航班上，客舱服务除餐饮服务外，还包括免税商品销售、播放电影和提供小吃等。此外，国际航班还要求乘务员向旅客发放入境卡和准备海关报关文件。

在服务间隔期，乘务员要观察客舱情况，应答呼叫铃以满足旅客需求。当旅客突发疾病时，乘务员需要进行处置并照顾患病旅客。此外，每隔15分钟或20分钟乘务员要进行巡舱检查。在远程飞行时，乘务员轮流进行值班和休息。

在国际航班飞行结束前，乘务员必须盘点未销售的免税商品、酒类等物品，准备海关报关文件。对于客舱中发生的任何特殊情况或事故，许多航空公司要求乘务员进行专门记录。

在飞机落地前，乘务员要确保所有设备妥善存放，厨房设备固定妥当，行李架和卫生间无人并锁闭，所有旅客已就座并系好安全带，乘务员在指定的乘务座位就座。

在旅客下机后，乘务员需要协助清理客舱。如果执行的是过站航班，乘务员需重新完成前面的程序，以迎接下一批登机的旅客。

乘务员的一天可能从家开始，也可能从驻外的酒店开始，可能一天将会执行一个多航段的远程航班，或者连续飞几个国内短程航班，工作的一天漫长而辛苦，在航班间隙乘务员应该利用一切机会休息，以恢复精力，消除由时差和长时间待在客舱内造成的不适。

二、民航乘务员职业的优点和挑战

（一）优点

1. 灵活的时间表

与传统的"朝九晚五"的办公室工作相比，每天大量航班的航空运营带来的是灵活多变的时间安排。虽然乘务员在职业生涯的早期可能无法选择自己的排班计划，但很多航空公司允许乘务员合理管理和交换排班。乘务员可以选择连续执行几个远程航班，就可以连续几天休假，或者连续执行几个短程航班，这样使得在家里的时间更有规律。不同的航空公司有不同的规定，但乘务员可以设法调整排班以满足自己的需要。

2. 游历各地

乘务员通常生活在一个城市，但有机会去其他城市短暂生活，有机会去不同的地方，获得新的视野。如果乘务员喜欢在不同的地方体验生活，那么这种游历的机会就是非常好的回报。

3. 福利方案

不同的航空公司有不同的福利方案，没有统一或标准的福利规定，乘务员通常会有假期（如果乘务员在节假日不能休息则会得到公司补偿或补假）。此外，各大航空公司都会为乘务员提供医疗保障和其他常规的福利。

4. 旅行便利

航空公司乘务员享有的最大福利是在旅行时有免费或低折扣机票，乘务员只需要支付税、燃油附加费。但在旅行时，这种内部员工作为非收益旅客，只能利用空余座位（Space Available），只有在航班截载并且有空座时才能乘机。航空公司乘务员有时也能享受其他航空公司（取决于就职的航空公司与其他航空公司是否签订协议）、酒店、邮轮公司以及其他旅行机构提供的折扣。

5. 体验不同文化和习俗

乘务员不需要专门利用假期或私人时间去各地游访，乘务工作为乘务员提供了非常好的学习机会。在为来自不同文化背景的旅客服务时，或在另一个城市做短暂停留时，乘务员就能接触到来自世界各地的人，从而体验和了解不同的文化和习俗。此外，乘务员在工作中还会遇到很多重要旅客，与他们共同飞行也是非常有意思的。

（二）挑战

虽然乘务员职业有种种好处，但同时面临各种挑战。例如，工作的某些方面可能被一些乘务员视为回报，但其他乘务员可能认为这是挑战。

1. 排班

虽然乘务员灵活的工作安排在很多时候是一种便利，但很多时候他们的假日或周末是在工作中度过的，使乘务员减少了与家人和朋友相聚的机会。很多乘务员应尽可能合理地调整自己的排班计划，以面对随时变化的工作时间和飞行地点。

飞机机械故障、恶劣天气等因素时常会导致航班延误，乘务员的工作时间会因此调整，乘务员应该以积极的心态面对，从而更好地理解在同样情况下的旅客的心态。

2. 经济

在当今竞争激烈的商业环境中，大多数航空公司不会为仍在接受培训的新乘务员提供津贴。即使有些航空公司提供，也仅够支付日常开销。有的航空公司会给成功通过培训的乘务员发奖金或报酬。

应聘者在决定参加乘务员培训之前，最好先了解一下供职的航空公司的薪酬规定，再根据个人经济情况考虑与该职业相关的几个财务问题。例如，可以在没有薪水的情况下完成4~12周的培训。此外，即使完成了培训，新乘务员仍需跟师傅飞几个航班（累计40飞行小时或70飞行小时），之后才能拿到薪水。

有些航空公司会在培训期间提供短期的住宿或廉租房。航空公司在制服方面的规定各有不同，有些航空公司免费提供，有些航空公司要求新乘务员分期支付第一套制服的费用。

乘务员每天在工作中与不同的人打交道，可能要服务怒气冲冲、蛮不讲理的旅客，也可能遇到醉酒旅客，这些工作对乘务员的精神和体力都是极大的考验。在飞行中，乘务员还要面临温差和时差的困扰，可能今天飞到炎热的热带地区短暂停留，明天又要飞往雪花纷飞的寒冷城市。另外，乘务员可能要连续工作一整天或一整个晚上。在航班结束后，乘务员需要有8~12小时的休息时间，确保第二天能够精力充沛地工作。

乘务员只有有能力应对各种挑战，才能享受乘务工作带来的种种回报。

第三节　民航乘务员招聘标准

乘务员是一种有吸引力的职业，航空公司每年都会收到数以千计的求职申请。很多航空公司会在网站上发布乘务员招聘信息和申请程序，一些航空公司还会链接到合作的中介机构，或者在地方性或全国性的报纸上刊登招聘广告，应聘者必须做好充分的求职准备。

一、求职简历和申请

不同航空公司有不同的需求，有些航空公司会要求应聘者填写申请表，有些航空公司直接收取应聘者的简历和申请表。

要想得到这份工作，应聘者应具备航空公司需要的职业素养和与职业相符的基本技能，如医学背景、安保服务、志愿者服务、在大学期间做过兼职服务生、照料过儿童或者老人等。任何与旅客服务相关的工作经历都有助于获得这份工作。此外，高效率、细致周到和值得信赖是从事这个职业最重要的品质。

在应聘者通过面试后，航空公司会对其做背景调查和犯罪记录调查。应聘者需要详细地整理和列出曾经工作和生活的地点和单位，有些航空公司要求对应聘者过去数年的背景进行调查，时间从5年到10年不等。

应聘者如果擅长语言、计算机或急救，可在简历中罗列出来。如果在这些方面无一技之长，最好在应聘前参加一两种相关课程的培训，以掌握这些乘务岗位必备的技能。

二、乘务员培训

乘务员在正式执行航班任务前需要接受专业的培训，每个声誉良好的航空公司都有严格的乘务员培训计划。由于航空业受到严格管制，而且航空公司的首要责任是确保飞行安全，每家航空公司都按照特定标准制订了培训计划，培训时间从4周到12周不等。乘务员在完成初始培训后，可能有3~6个月的实习期或试用期。

新乘务员的培训时间较长，培训的内容涉及很多方面。一般会包括以下内容。

（1）航空公司的历史和定位。

（2）客舱安全和应急程序。

（3）灭火、操作紧急设备以及水上/陆上撤离训练和演习。在水上撤离训练中，乘务员会跳入水池，游向并登上救生艇。乘务员还应熟悉救生艇上的救生设备。

（4）机上急救。

（5）熟悉飞机（学习和了解航空公司运营的每种机型，包括如何操作紧急出口、每种设备的位置以及飞机性能）。

（6）旅客服务，以及如何照料需要特殊服务的旅客。

（7）餐饮服务（餐食准备、提供和服务标准）。

（8）日常工作（书面工作、条令、工作安排）。

（9）见习飞行（新乘务员将在培训教员或带飞教员指导下飞几个航班）。

培训时间安排紧凑，重点突出。新乘务员将全天上课，而且晚上还要花额外的时间学习，几乎每天都要就所学内容进行考试，并且必须通过一次次考核，否则将被淘汰。

航空公司每年还要对在职乘务员进行复训，目的是使乘务员熟悉安全和应急程序，以及其他与工作相关的重要知识。

第四节　民航乘务员岗位要求

由于不同国家、不同航空公司在招聘乘务员时有不同的标准，公务机和私人飞机对乘务员的要求通常更具体，标准更高。虽然有种种不同，但大多数航空公司对乘务员岗位都有一些最低要求。

一、民航乘务员岗位的最低要求

国内外航空公司招聘乘务员的标准不尽相同，有些航空公司强调技能，有些航空公司侧重个人素质和性格。技能可以通过学习掌握，但是有些招聘标准，如年龄和身高要求就很具体，达不到要求的应聘者将会被淘汰。航空公司在招聘时会考虑下面这些最低标准。

（1）最低年龄：根据国家而不同，通常介于 18~21 岁之间。

（2）身高：大多数国外航空公司招聘乘务员时通常测摸高，要求高度不低于 2.12 米，国内航空公司招聘外籍乘务员时也是测摸高。我国航空公司在国内招聘乘务员时，女性身高要求介于 1.63 米~1.75 米之间，男性身高要求介于 1.73 米~1.85 米之间。

（3）体重：与身高成比例，同时要身体状况良好。出于健康和安全的目的，应聘者要足够高，可以够得着客舱顶部的行李箱，同时还要能够灵活地通过客舱通道和紧急出口。

（4）背景调查（工作经历和犯罪记录调查）：依据国家和航空公司的规定，需要调查的时间从 5 年到 10 年不等。

（5）语言要求：一些航空公司可能有特定的语言要求，如要求流利地说一种或多种语言。多种语言能力在应聘大多数的航空公司时具有优势。如果应聘的航空公司经营国际航线，那么应聘者需要擅长英语。

（6）学历：国内航空公司要求大专以上学历，但不是所有航空公司都要求应聘者接受过大学教育。国外很多航空公司要求应聘者具有高中毕业证或结业证就可以了。

很多航空公司会要求通过面试的应聘者进行体检，体检的目的是确认应聘者能够适应客舱工作环境。体检包括听力和视力检查，有些航空公司允许近视者佩戴隐形眼镜或框架眼镜进行测试。航空公司还会进行药检，对应聘者背部和肩部的力量也有要求，大多数航空公司还要求应聘者会游泳。

二、民航乘务员岗位的基本技能和素质

航空公司在招聘乘务员时通常要求应聘者具备以下技能和素质。
（1）旅客服务能力；
（2）与公众打交道的能力；
（3）团队合作能力；
（4）在紧急情况下处理压力的能力；
（5）灵活处理事情的能力；
（6）细致周到，可以信赖；
（7）较强的沟通技巧；
（8）急救和医疗训练；
（9）良好的判断能力；
（10）性格开朗；
（11）良好的仪表和仪态；
（12）接受不规律的工作时间，能够在节假日、周末和夜间工作。

第五节 民航乘务员仪表与行为规范

航空公司对乘务员个人仪表和修饰的要求非常高。乘务员在登机之前，如在走过机场候机楼时就会给旅客留下印象。乘务员在工作中与旅客接触，时时展示着航空公司的形象。乘务员的仪表和行为非常重要，只要身着制服，就代表着公司形象。旅客对航空公司的评价会受到乘务员职业形象的影响。职业的外表和恰到好处的修饰能让旅客对乘务员产生信任，认为乘务员在职业能力和服务水平方面都是训练有素的。

一、民航乘务员的仪容与仪表标准

乘务员在执行航班之前，应该注意良好的个人修饰和仪表。每家航空公司对乘务员的发型、首饰、化妆及其他个人修饰方面都有详尽的标准，这些被认为是制服着装的一部分。除此之外，很多此类标准和原则还有个人安全方面的考虑，乘务员在培训中将进行学习，并且只有遵守这些标准才能顺利完成培训。乘务员在培训中的每一天都要像去执行航班一样注重外表，如果被要求在形象方面进行改进或改变以达到标准，乘务员必须给予足够的重视。航空公司每天都会对乘务员的技能、能力、外表和形象进行考评。大多数航空公司认为以下仪容和仪表标准是聘用的先决条件。

1. 乘务员的个人卫生

乘务员在工作中时刻都要保持良好的个人卫生，包括清新的口气、干净的牙齿，以及清洁的身体（尤其是手和指甲）。

乘务员的肤色应该健康、干净、有光泽，定期进行适合自己皮肤的清洁和润肤护理，定期保养和润肤对长期在客舱环境中工作的乘务员是非常有益的。

乘务员应保持身体清洁，使用除臭剂、香水和漱口水以保证在任何时候身体没有异味。乘务员应使用淡的古龙水、须后水或带有香味的洗液。在封闭的客舱内，太浓的香水或古龙水可能使别人无法接受。

由于客舱环境干燥，乘务员在工作中经常清洗物品，乘务员的手会变得粗糙。因此，手部护理非常必要。乘务员的手指甲过长，在服务时很容易断裂或折断，在工作中也会带来不便，很多航空公司要求女乘务员指尖的长度不超过6.5毫米，国内航空公司通常要求女乘务员在不涂指甲油时指尖的长度不超过2毫米，在涂指甲油时指尖的长度不超过3毫米，指甲油的颜色应该统一，大多数航空公司要求不能涂太鲜艳的颜色，手部不能戴珠宝或装饰品。

文身在一些区域或民族中有不同的文化意义，在很多地方也代表着时尚，大多数航空公司禁止乘务员文身，或让乘务员在执行航班时将文身完全遮盖。

2. 乘务员的头发和发型

乘务员的头发应保持干净，发型要符合职业要求。

1）女乘务员发型（见图1-5）

一些航空公司没有要求乘务员将齐肩或更短的头发扎起来。女乘务员的长发需要用发网固定，或者用发卷、发夹、发髻固定，以免在为旅客提供餐饮服务时垂到旅客脸上。乘务员在选择发型时，要考虑到经常早起、准备时间短、长时间工作和日常保养方便等因素，尽量少用头饰，若使用头饰，应该与发型相配。

航空公司一般不允许乘务员选择极端的发型和不自然的发色。

图1-5　女乘务员发型

2）男乘务员发型

男乘务员的头发长度不能超过衬衫衣领，侧面不能超过耳朵。发型要求干净整洁，不能过分卷曲或留长发。一些航空公司允许男乘务员光头或剃头，如果剃得很短，头发长度要均匀（见图1-6）。

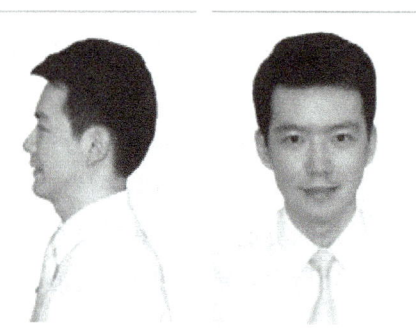

图1-6　男乘务员发型

国外一些航空公司允许男乘务员留络腮胡、山羊胡或小胡子，但样式要合适，长度应适中，并与脸型相配。

3. 化妆和化妆品

很多航空公司要求女乘务员化妆以提升职业形象。化妆的目的是改善整体形象，妆容应自然，并且与肤色相配。

4. 首饰

佩戴首饰同样也要遵循适度原则，不能过分夸张。出于安全原因，不推荐佩戴过大或过长的饰物。航空公司通常允许乘务员佩戴一对耳环（小耳环或小耳钉，而不是耳坠），以及一条项链。手表被视为制服的一部分，样式同样也要适中，不能太花哨，应该每天佩戴。乘务员不允许在工作时佩戴鼻钉、鼻环、眉钉和舌钉。

5. 眼镜

如果乘务员需要佩戴眼镜，颜色应该适中。隐形眼镜的颜色同样也要自然。

航空公司在乘务员的修饰和仪表方面通常比较保守，一些当下流行的东西可能不被航空公司接受。

二、民航乘务员的行为规范

乘务员永远是客舱内的焦点。礼貌是人与人之间相互表示敬意、尊重与友好的行为准则，是一个人精神面貌和道德修养的具体表现。发自内心的微笑是做好服务工作的重要条件之一，它会使客舱充满活泼愉快的气氛，并给旅客留下美好的印象。因此，在接待旅客的过程中，乘务员要始终做到面带微笑，文明礼貌。对待国内旅客亲切自然、彬彬有礼，对待外国旅客热情大方、不卑不亢。

1. 乘务员在与旅客谈话时的礼仪

语言礼仪的原则：客来有迎声，客问有答声，工作失误道歉声，受到帮助致谢声，旅客走时有送声。

（1）在与旅客交谈时，要面对对方，保持适当距离（45厘米~100厘米）。

（2）站姿要端正，可采取稍弯腰或蹲下等动作来调节体态和高度。

（3）目光要平视对方的眼睛，以表示尊敬和正在注意倾听对方的谈话。

（4）口齿清楚、简练明了、语气温和、用词文雅，给对方以体贴感、信赖感。

（5）对旅客要用尊称，多用敬语、谦语与旅客沟通交流。

（6）在旅客面前避免使用专业术语或谈及与服务无关的内容。

（7）避免与旅客谈及政治、宗教、种族及个人隐私等敏感话题。

（8）以诚恳的态度面对旅客的抱怨、建议或批评，并及时反馈旅客的意见。

（9）在限于法律、法规等规定无法满足旅客的需求时，应委婉解释。

（10）切忌打听旅客的隐私，特别是外国旅客的年龄（多为女宾）、薪金收入、衣饰价格等。

（11）注意自己的身份，掌握用词分寸和控制时间，避免使用专业术语，对国内旅客要使用普通话。

2. 乘务员工作中的行为礼仪

为旅客服务的原则为：先用敬语，再介绍物品名称。介绍顺序为：先里后外，先女宾后男宾，先宾后主，先左后右（面对驾驶舱方向）。

（1）乘务员在客舱内站立或坐着时背部要挺直，不可弯腰驼背，在行走时要礼让，脚步要轻，速度要适中。

（2）乘务员在客舱、服务间讲话时，声音要小、要轻，不谈与工作无关的事情，避免影响旅客休息和客舱安静。

（3）乘务员不可在旅客座位上休息、用餐、听音乐、看电影等。

（4）不与旅客嬉笑玩闹，更不能对旅客品头论足。

（5）在与旅客谈话时切忌边走边讲，不断地看手表。手不要放到口袋里或双臂抱在胸前，也不要扶着、靠着座椅靠背或坐在座椅的扶手上。

（6）在接待旅客时保持微笑和耐心，对旅客提出的任何问题应尽快给出正确、满意的答复。不可忘记承诺或敷衍了事。

（7）无意碰撞或打扰了旅客，应表示歉意，取得对方谅解，在旅客下飞机时还应再次道歉。

（8）对爱挑剔的旅客要耐心热情，避免发生争执；对举止不端的旅客，应镇静回避，在必要时可报告机长。

（9）乘务员在厨房内用餐，将隔舱遮帘拉好，时间不宜过长，应控制在10分钟之内。在有旅客进入时，应暂停用餐，并与旅客打招呼。合理安排就餐时间，防止与客舱服务发生冲突。

3. 乘务员进出机场的行为礼仪

乘务组在进出机场期间，应以乘务长为首，女乘务员在前，男乘务员在后，依次列队前进，窄体机排成一竖排，宽体机排成两竖排，其中奇数号位在左侧，偶数号位在右侧，禁止玩手机、两两结伴聊天或嬉笑打闹。

（1）在上车后，乘务员需将飞行箱整齐码放在班车第一排座椅上或地面上。

（2）在乘坐机组车时，礼貌对待司机及其他乘车人员，并主动向机长及其他飞行机组人员问好或道别，避免大声讨论工作以外的私事，在上下机组车时相互礼让。

（3）不得在候机厅内大声谈论与公司相关的话题或旅客尚未知晓的航班信息。

（4）在到达候机楼后等待飞机到场时，乘务长统一安排组员就座等待或排队等待飞机到场，应将飞行箱统一放置于一侧。

（5）在候机时乘务员应按专业化标准坐在等候区域内。

（6）在进出各地海关时，如有旅客排队等候，应依序排队。在通过安检、海关等通道时，应主动出示证件并问好，目光与其工作人员礼貌接触。

（7）在进出机场、过站等工作期间禁止购物。如果在进出机场期间要脱离队伍进行个人活动，应该事先征得乘务长的允许。

【项目实训】

（1）分组进行飞行前的物品准备练习。

（2）分组进行乘务员职业形象塑造及检查。

（3）分组进行乘务员仪态、礼仪训练。

【自我检测】

（1）乘务员职业有哪些优点和挑战？
（2）航空公司在招聘乘务员时希望应聘者具备哪些素质和经验？
（3）为什么航空公司对乘务员的形象有很高要求？

第二章　客舱服务设备与管理

知识目标

（1）了解飞机的基础设备和机型的特点。
（2）熟悉服务设备的分布位置。
（3）熟悉客舱设备的分布位置。

能力目标

（1）掌握开关舱门的方法及滑梯操作口令。
（2）掌握服务设备的使用方法。
（3）掌握客舱设备的使用方法。
（4）掌握客舱环境管理方法。

第一节　飞机基本构造

飞机的主要组成部分包括机翼、机身、尾翼、发动机和起落装置。本章以波音737飞机为例介绍飞机的基本构造。

一、飞机的组成部分

波音737系列飞机是美国波音公司生产的一种中短程双发喷气式客机，该机型是民航历史上窄体民航客机系列之一。

1. 结构设计

波音737飞机在最初的设计上尽量多采用波音727的部件和装配件，以降低其生产成本和价格。机身采用铝合金半硬壳式结构。起落架采用液压可收放前三点式，在应急时可靠重力自行放下。机翼采用悬臂式中单翼，由于飞机航程较短，巡航速度较慢，巡航高度较低，采用大翼载和较小后掠角。发动机位于翼下，翼下吊挂两台发动机。尾翼由后掠式垂直尾翼和下置水平尾翼构成。起落架采用可转向前三点式结构，每个起落架配双轮（见图2-1）。波音737飞机采取正副驾驶两人制驾驶舱操作方式。

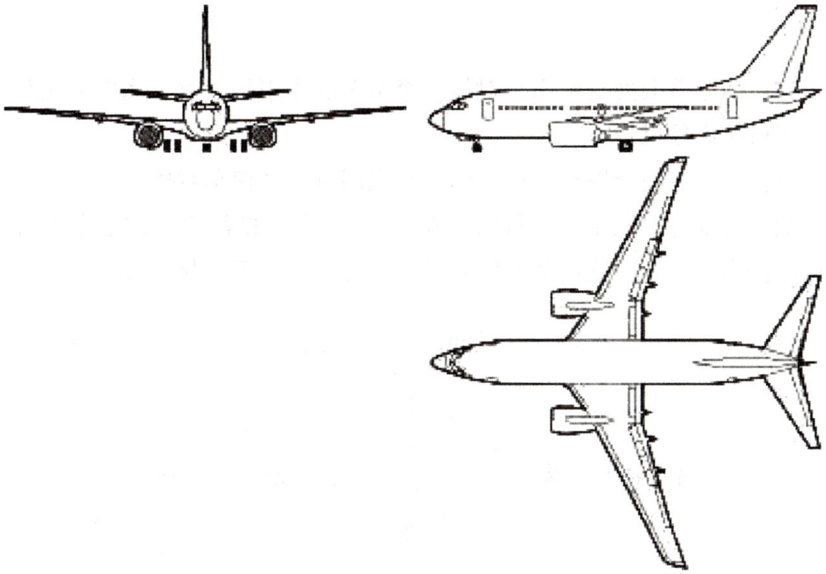

图2-1 波音737飞机结构图

2. 辅助电源设备（APU）

辅助电源设备安装于飞机尾部，是一个燃气涡轮发动机，在空中和地面均能使用。其主要用途如下所示。

（1）当飞机在地面没有外接地面服务时，辅助电源设备为飞机操纵系统提供必需的电源和引气。

（2）为启动发动机提供电力和气源。当APU失效时可以利用外接的电源车和气源车启动发动机。在空中，当飞机飞到17000英尺（约5182米）的高度时，APU可作为发动机引气系统的备用系统工作。

3. 波音737飞机的基本数据

波音737飞机的基本数据如表2-1所示。

表2-1 波音737飞机的基本数据

型号	B737-300	B737-400	B737-700	B737-800
机长	33.4米	36.4米	33.6米	39.5米
机高	11.1米	11.1米	12.5米	12.6米
翼展	28.9米	28.9米	34.3米	34.3米
最大起飞重量	61234千克	63050千克	70080千克	79010千克
最大飞行高度	11278米	11278米	12250米	12500米

二、飞机外部车辆的停靠位

（1）前方：前起落架处与牵引车对接。牵引车的作用是，由于飞机无法后退，必须由牵引车把飞机拉出停机位。

（2）左侧：前登机门与廊桥对接，前后登机门可与客梯车对接。

（3）右侧：可以与空调车（又称气源车）、电源车、排污车、加水车对接，前后服务舱门处可以停靠食品车，前后货舱门处可停靠行李托运车（见图2-2）。

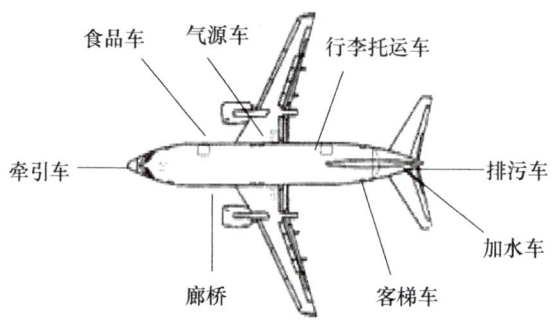

图2-2　飞机外部车辆的停靠位

第二节　飞机舱门

飞机舱门的操作涉及飞行安全。因此，乘务员应清楚舱门的每一步操作所代表的含义，熟练掌握开关舱门的方法以及滑梯操作口令。

一、飞机舱门的结构

飞机舱门如图2-3所示。

（1）红带子：用于提示滑梯杆与地板支架是否连接，当滑梯杆与地板支架相连时，红带子斜挂于机门观察窗处。

（2）玻璃窗：又称观察窗，用于观察飞机外部情况。

（3）门把手：开关门时的开关手柄。

（4）滑梯包：应急滑梯的存放处。在正常情况下其压力指针应指向绿色区域。

（5）滑梯杆（见图2-4）：在紧急撤离时与地板支架

图2-3　飞机舱门

连接（见图2-5、图2-6），在开门后可将滑梯释放并充气。

（6）辅助手柄（见图2-7、图2-8）：辅助开、关舱门。

图2-4 滑梯杆

图2-5 地板支架一

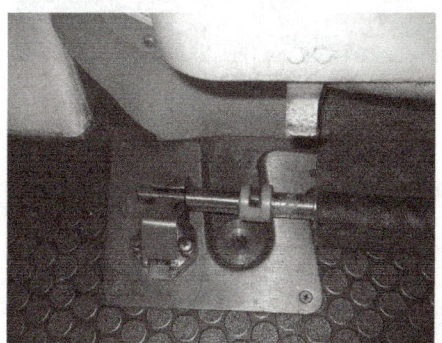

图2-6 地板支架二

图2-7 舱门上的辅助手柄和右侧辅助手柄

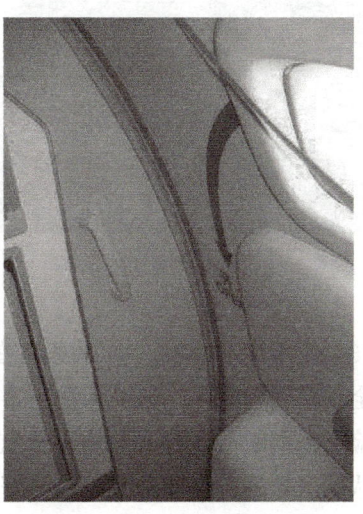

图2-8 舱门左侧辅助手柄

7. 黄色警示带

（1）作用：当客梯车或其他外接设备尚未完全与飞机对接好时，黄色警示带起到向工作人员和旅客提供安全警示的作用。

（2）分类。① 拉出式（见图2-9、图2-10）：位于每个舱门左侧门框内。② 按扣式（见图2-11、图2-12）：位于每个舱门左侧门框附近壁板上。

图2-9　拉出式黄色警示带一

图2-10　拉出式黄色警示带二

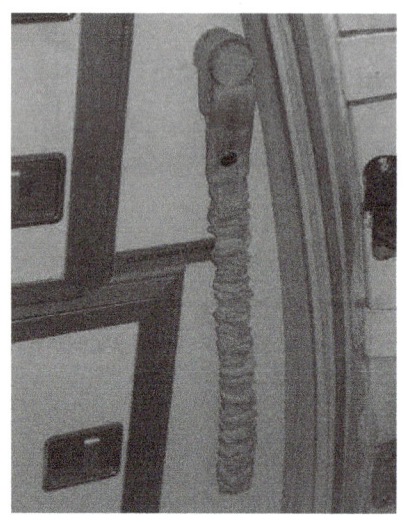
图2-11　按扣式黄色警示带一

图2-12　按扣式黄色警示带二

（3）使用注意事项。① 乘务组在上飞机后，检查舱门的黄色警示带及挂环是否可以完全收回到凹槽内。如果无法正常使用，报告责任机长，确认是否需要通知机务人员上机检查，判断黄色警示带是否适航，并填写客舱记录本。② 在飞机舱门关闭和锁定前确认舱门处的黄色警示带是否收好，其挂环是否已完全收回到凹槽内。

8. 阵风锁

（1）作用：当舱门打开时，阵风锁起到固定舱门的作用。

（2）分类：分按压式和抬起式。

① 按压扳机式阵风锁（见图 2-13）：解锁手柄装在舱门的上部导向臂上，在将舱门推至固定位置时自动上锁。此类阵风锁一般位于前登机门处。一旦按下拨片，阵风锁即解除，随即可以关闭舱门。

图 2-13　按压扳机式阵风锁

② 按压弹簧式阵风锁（见图 2-14）：解锁手柄装在舱门的上部导向臂上，在将舱门推至固定位置时自动上锁。此类阵风锁一般位于后登机门及前后勤务门处。当关闭装有按压弹簧式阵风锁的舱门时，乘务员需一只手按住阵风锁，另一只手关舱门，当舱门松动能往回拉时，松开阵风锁，否则，阵风锁会自动弹起，再次锁定舱门。因装配有此类阵风锁的舱门在关闭时需双手操作，所以在操作时乘务员需要注意将身体的重心后移，以免发生危险。

③ 向上抬起式阵风锁（见图 2-15）：乘务员在使用时一只手将滑块往上提，另一只手回拉舱门，当舱门松动时，松开滑块，拉回舱门。在操作时乘务员注意将身体重心后移，以免发生危险。

图 2-14　按压弹簧式阵风锁

图 2-15　向上抬起式阵风锁

（3）使用注意事项。① 乘务员在操作舱门前先确认阵风锁的操作方式，按标准程序作业。② 在开启舱门前，乘务员用一只手紧握舱门把手，待舱门推开后，用另一只手紧握舱壁把手，始终保持身体重心后移。③ 在关闭舱门前，乘务员用一只手紧握舱壁把手，用另一只手解除阵风锁，始终保持身体重心后移。④ 乘务员在操作舱门时应集中注意力，独立完成，严禁找他人替代操作。

二、开启和关闭舱门的操作

1. 关闭前舱门操作程序

（1）首先确认舱门处无任何障碍物，然后解除阵风锁。

（2）一只手抓住舱门区一侧辅助手柄，另一只手反握住舱门上的辅助手柄。

（3）回拉舱门，当舱门与机体呈90°夹角时，松开抓住舱门一侧辅助手柄的手，扶住舱门开启手柄，以防止舱门砸向其他乘务员发生意外。

（4）将舱门拉回后顺时针压下开启手柄，关闭舱门并确认是否夹住异物。

2. 滑梯预位操作程序及互检标准

（1）乘务长通过公共广播形式发布滑梯预位操作口令。

（2）各号位乘务员进行舱门滑梯操作。乘务员走到对应舱门前，从上到下操作：将红带子斜扣于观察窗上，将滑梯杆存放在地板支架内，用脚轻踩确认完全固定在地板支架内。

（3）互检确认。先检查左侧舱门，再检查右侧舱门。检查时的口令为：××门预位完毕。

（4）乘务长通过内话系统确认。后舱负责人通过内话系统向乘务长回复口令。

3. 开启舱门

（1）解除滑梯预位。将滑梯杆从地板支架内取出，挂在机舱门挂钩上，将红带子平放于观察窗上方。

（2）确认舱门外无任何障碍物。

（3）一只手抓住舱门上的辅助手柄，另一只手抓住开启手柄，抬起开启手柄，反方向压到底，将舱门推出。

（4）当舱门与机体呈90°夹角时，松开开启手柄，握住舱门一侧的辅助手柄，继续将舱门向外推，推到舱门与飞机机身基本平行，此时舱门被阵风锁锁住，舱门开启。

4. 解除滑梯预位操作及互检标准

（1）乘务长通过公共广播形式发布解除滑梯预位操作口令。

（2）乘务员走到对应舱门前，从上到下操作：将红带子平扣于观察窗上，将滑梯杆存放在挂钩内并扣牢，用脚轻踩确认完全固定在挂钩内（配合使用手势语），双手手心朝上，用手掌的力量轻抬滑梯杆两端，测试固定挂钩的卡阻力是否正常，如果滑梯杆很容易就被抬起，说明固定挂钩的卡阻力较小，此时乘务员需填写客舱记录本提示工程部进行维护。乘务员在测试时应小心谨慎、动作轻缓，避免滑梯杆在开启过程中意外脱落，在测试完毕后，需确保滑梯杆牢固地扣在挂钩内。

（3）检查完毕，先报告左侧舱门，再报告右侧舱门。报告口令为：××门解除完毕。

（4）乘务长通过内话系统确认。后舱负责人通过内话系统向乘务长回复口令。

5. 操作提示

（1）解除滑梯预位，将滑梯包的预位杆（Girt Bar）放置到滑梯包下部的挂钩中（见图2-16）。

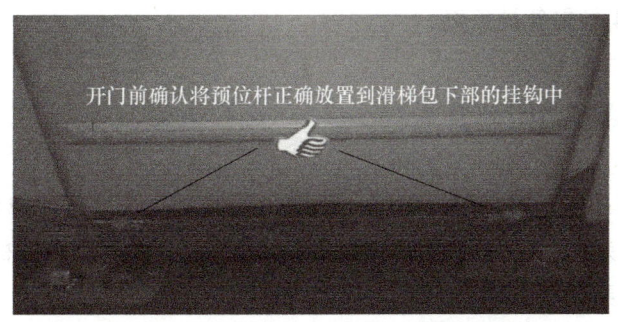

图2-16　将预位杆放置到滑梯包下部的挂钩中

（2）解除观察窗红带子。

（3）根据操作指示通过手柄打开客舱门，并视情况设置栏门警告绳。

（4）安全措施。① 将预位杆正确放置到滑梯包下部的挂钩中。② 检查预位杆与挂钩之间是否有足够的摩擦力，如果摩擦力小，那么在开门时应密切注意，防止预位杆意外脱出。③ 检查预位杆与滑梯之间布带的长度是否合适，有无与地板摩擦的情况，如果有，在开门时应注意，防止意外踩到布带或布带与其他物体缠绕。④ 发现以上问题应及时填写客舱记录本，以便机务人员及时维修，消除隐患。

6. 舱门开启前的报告程序

（1）原则：在开启所有舱门前（非紧急情况），舱门负责人应向乘务长报告，在得到允许后，方可按标准程序开启。

（2）报告程序。

① 当舱门需要开启时，舱门负责人在判明情况后，向乘务长报告，报告内容包括操作人、具体原因、舱门代号、请示。

② 乘务长在接到报告后，回复是否允许开舱门的指令和相应提醒。

举例："我是4号乘务员张××，因后舱配餐需要对接航食车，申请打开R2门，是否同意？"

"同意开舱，注意确认舱门分离器。"

因正常工作开启舱门，包括正常上客下客、配餐、清洁、机务维修、机长指令等原因导致的开启舱门,也包括这些原因所导致的二次开舱。

(3)当乘务长所负责的 L1 门需要开启时,按标准程序操作即可。

三、舱门第一负责人

(1)L1 门由 1 号乘务员负责,即乘务长。
(2)L2 门由 2 号乘务员负责。
(3)R1 门由 3 号乘务员负责。
(4)R2 门由 4 号乘务员负责。

四、当对接客梯车时,开启/关闭舱门操作流程

(1)开启舱门:在客梯车对接舱门完毕后,客梯车驾驶员登梯检查平台两侧护栏,然后敲打舱门示意乘务员开启舱门。在舱门打开后,地面人员调整左右护栏至安全位置并锁定,同时示意乘务员可以上下客。

(2)关闭舱门:在接到地面人员通知所有旅客登机完毕的指令后,现场指挥人员登梯收回平台活动护栏,乘务员在得到机长同意后关闭舱门,客梯车从舱门口撤离。

第三节 驾驶舱设备

一、驾驶舱简介

驾驶舱(见图 2-17)是一架飞机操纵系统的核心部分,其构造与组成部件非常复杂,在这里只介绍与乘务工作相关的部件及其性能和注意事项。

图 2-17 驾驶舱内部

二、驾驶舱相关设备

（1）客舱厨房电源开关（见图2-18）：飞机客舱前后厨房的电源开关位于驾驶舱顶部操作板左侧。

图2-18　客舱厨房电源开关

（2）温度调节旋钮（见图2-19）：位于驾驶舱顶部操作板右侧，其作用是对客舱和驾驶舱内部温度进行调节。

图2-19　温度调节旋钮

（3）救生斧（见图2-20）：位于驾驶舱舱门左侧壁板下方。在紧急情况下，飞行员可利用救生斧劈开驾驶舱舱门或壁板，然后逃生。

（4）"禁止吸烟"和"系好安全带"指示灯开关（见图2-21）：位于驾驶舱上方控制面板的中部，分为开（ON）、自动（AUTO）、关（OFF）。

（5）驾驶舱门锁按钮（见图2-22）：位于驾驶舱中央控制平台的右下角，手动进行操作。

民航客舱服务实务

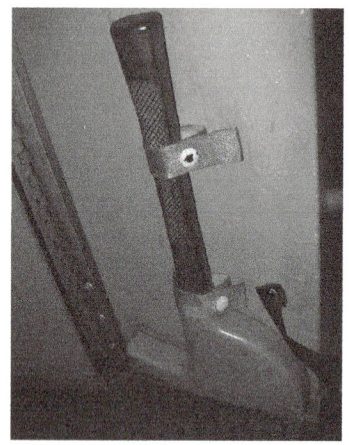

图 2-20　救生斧

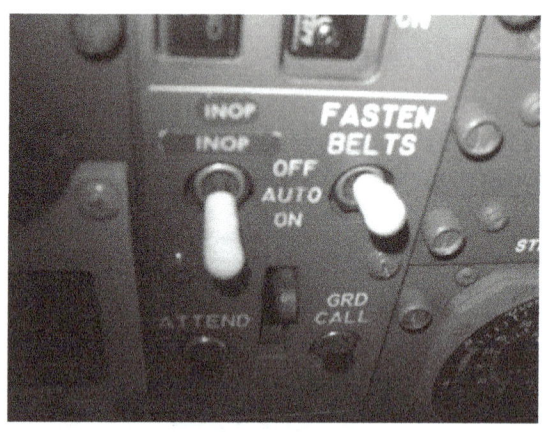

图 2-21　"禁止吸烟"和"系好安全带"指示灯开关

图 2-22　驾驶舱门锁按钮

三、驾驶舱舱门的开启

1. 开启方式

（1）密码开启。

（2）驾驶舱内电门开启。

（3）钥匙开启。

2. 门锁的种类

（1）密码锁。

（2）红外热感应锁。

四、注意事项

驾驶舱是操纵、控制整架飞机的中心。在任何情况下，乘务员不得触碰和使用驾驶舱的各种设备，以免错误的操作影响飞行安全。

第四节　服务设备

一、服务间设备

（一）前舱控制面板

1. 作用

前舱控制面板用于控制前服务间及客舱的部分设备。

2. 设备简介

1) 波音737-300/400机型（见图2-23）

① 进口灯（ENTRY LIGHT）开关，分别为：BRT，DIM，OFF。

② 工作灯（WORK LIGHT）开关。

③ 地面电源开关，由地面机务人员使用，乘务员需确认其在"OFF"位。

④ 顶灯（CEILING LIGHT）开关。

⑤ 窗灯（WINDOW LIGHT）开关。

⑥ 呼叫驾驶舱按钮（CAPTAIN）。

⑦ 呼叫乘务员按钮（ATTENDANT）。

⑧ 重接按钮（RESET）。

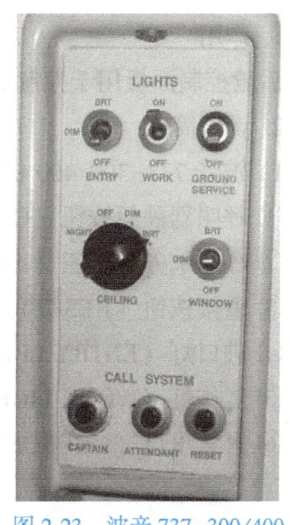

图2-23　波音737-300/400前舱控制面板

2) 波音737-700/800机型（见图2-24）

① 进口灯（ENTRY LIGHT）开关，分别为：BRT，DIM，OFF。

② 工作灯（WORK LIGHT）开关。

③ 地面电源开关，由地面机务人员使用，乘务员需确认其在"OFF"位。

④ 顶灯（CEILING LIGHT）开关。

⑤ 窗灯（WINDOW LIGHT）开关。

⑥ 娱乐系统电源按钮。

⑦ 自备梯操作开关。

图 2-24　波音 737-700/800 前舱控制面板

(二) 后舱控制面板

1. 作用

后舱控制面板用于控制后服务间及客舱的部分设备。

2. 设备简介

1) 波音 737-300/400 机型（见图 2-25）

① 呼叫驾驶舱按钮（CAPTAIN）。

② 呼叫乘务员按钮（ATTENDANT）。

③ 重接按钮（RESET）。

④ 进口灯（ENTRY LIGHT）开关，分别为：BRT，DIM，OFF。

⑤ 工作灯（WORK LIGHT）开关，分别为：BRT，DIM，OFF。

⑥ 紧急出口（EMERGENCY EXIT）开关，通常情况下在"NORMAL"位。

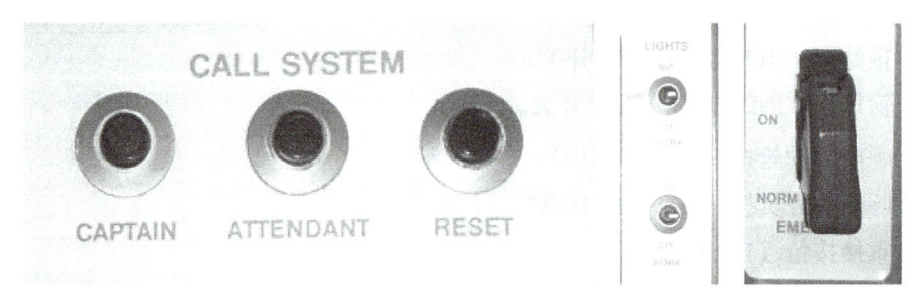

图 2-25　波音 737-300/400 后舱控制面板

2) 波音 737-700/800 机型（见图 2-26）

① 进口灯（ENTRY LIGHT）开关，分别为：BRT，DIM，OFF。

② 工作灯（WORK LIGHT）开关，分别为：BRT，DIM，OFF。

③ 应急灯（EMERGENCY LIGHT）开关（有护盖保护）。

④ 水表（E，1/4，1/2，3/4，F）。

⑤ 污水表（在最低两格为正常）。
⑥ 污水表下面的白色按钮为测试键（TEST KEY）。

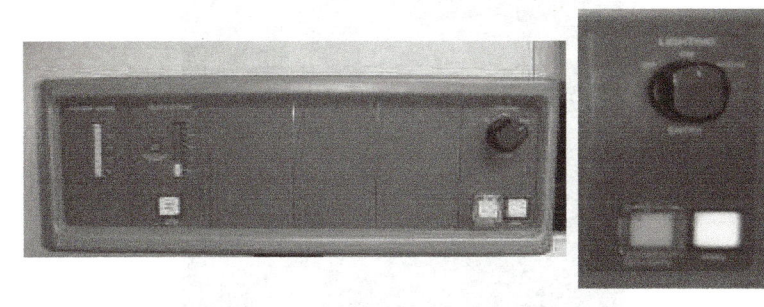

图 2-26　波音 737-700/800 后舱控制面板

(三) 水表

在飞机后货舱的后面，有一个大水箱，容积 30 加仑（约 136 升），里面的水在经过过滤后，可用压力泵压到厨房和洗手间的洗手盆里使用。

1. 作用

水表用于显示清水箱和污水箱的用水情况。

2. 检查方法

（1）水位指示灯亮，说明水箱水满。

（2）E 为空，F 为满。

3. 水表位置

（1）波音 737-300/400 机型的水表位置（见图 2-27）：装设在 R2 门门框上方，由 5 个水位指示灯和 1 个检查按钮组成。

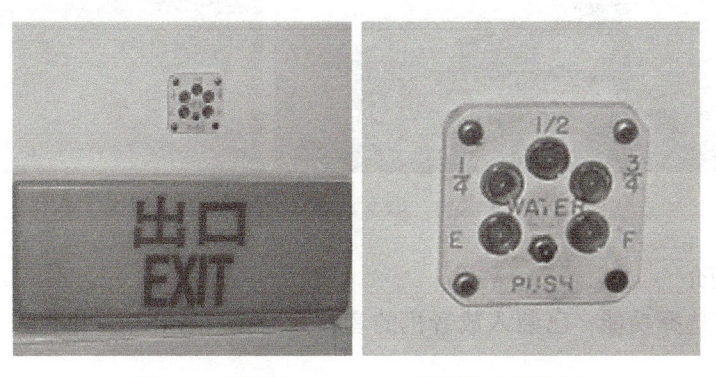

图 2-27　波音 737-300/400 机型的水表位置

（2）波音 737-700/800 机型的水表位置（见图 2-28）：装设在后舱乘务员控制面板上。

图 2-28　波音 737-700/800 机型的水表位置

(四) 数字音频操作系统

1. 位置

数字音频操作系统位于前舱乘务员座椅的上方（见图 2-29）。

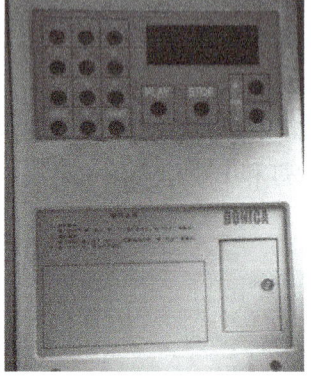

图 2-29　数字音频操作系统

2. 功能简介

（1）频道选择功能：已装入放音机的音频为广播（ANNO）和音乐（MUSIC）两大类。

（2）数字音频操作系统节目单张贴在数字音频操作系统面板上，供乘务员操作时对照使用。

3. 数字音频操作系统的操作方法

（1）播放广播：按"ANNO"键→按广播内容的序号（如选第 10 条广播，按数字键 1、0）→按"PLAY"键。

（2）播放音乐：按"MUSIC"键→按音乐内容的序号（如选第 2 条音乐，按数字键 2）→按"PLAY"键。

（3）调节音量："MUSIC"的音量可直接在面板上调节，按 VOLUME 的"+"或"−"键，可增加或降低音量；"ANNO"的音量调节，需通过机务人员完成，系统默认的音量数值为"25"。

4. 注意事项

（1）系统默认"MUSIC"为"自动播放下一首"的状态（即在选定的某条音乐播放完后，系统将自动播放后续的音乐）。在选定的音乐播放完毕后，按"STOP"键停止。

（2）每条音乐后有 1 分钟的留空时间。

（3）在播放音乐的时候，可预先将音量设置到较小的状态，等音乐播放后，再逐步提升音量。

（4）音量调节：在停止的状态下（没有播放音乐和广播），同时按下"+""−"和"7"三个键，屏幕显示"V＿＿＿"；在屏幕显示"V＿＿＿"后，按数字键输入合适的音量数值即可。比如，在按"2"键后，再按"4"键，可设定音量数值为"24"。

（5）系统默认的音量数值为"25"，如果实际播放的音量较低，则可将音量设定为"26"或者更高的数值。输入的数值必须在"0~31"之间。

（6）建议在航前准备的时候，对音量进行调整。

（五）视频操作系统

1. 作用

视频操作系统用于乘务员对客舱视频系统的播放和控制。

2. 播放器分类

播放器分为数码播放器（见图 2-30）、触摸屏式录像机（见图 2-31）、按键式录像机（见图 2-32）。

图 2-30　数码播放器

图 2-31　触摸屏式录像机

图 2-32　按键式录像机

3. 客舱屏幕（见图 2-33）

（1）位置及数量：头等舱每排有两个屏幕，普通舱每三排有两个屏幕。

（2）收放开关：在主机上有统一的开关，在客舱屏幕一侧设有单独的开关。

（3）客舱屏幕的自我保护：客舱屏幕在被无意碰撞后，会自动收起，在停顿几秒钟后，又自动放下，如此三次以后，会收起并自动锁死。

图 2-33　客舱屏幕

4. 客舱音像节目播放原则

（1）严格按照娱乐系统播放规定及航空公司网站上的准备资料、通告、通知等，安排录像节目的播放。

（2）航班的去、回程节目内容不能重复，A 版为去程节目（航班号尾数为奇数），B 版为回程节目（航班号尾数为偶数）。

（3）国内中转联程和同机中转航班，节目内容不重复，前一航段播放 A 版节目，后一航段播放 B 版节目，节目长短可视航班飞行时间灵活掌握。

（4）节目播放必须保持完整，尽量不要突然中止。当需要中止播放时，应该在一套节目或一个片段结束后中止（当遇到突发事件时，应立即关闭录像节目）。

（5）在飞行关键阶段，禁止播放录像节目。

（6）临时增加节目，要求以当期发布的通告、通知为准。

（六）通话系统

1. 波音 737-300/400 的内话机和广播器（见图 2-34、图 2-35）

内话机的使用方法如下。

（1）拿起内话机，按一下控制板上所要呼叫的位置的按钮。

（2）按住内话机上的送话键说话。

（3）在通话完毕后，按一下控制板上的"RESET"（复位）按钮，将内话机放回原位。

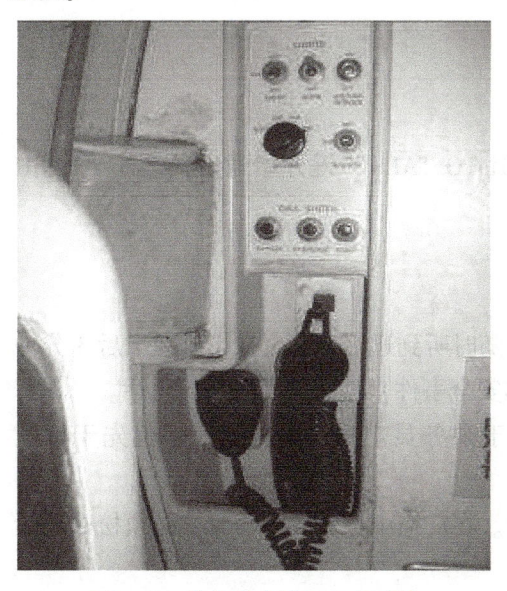

图 2-34　前舱的内话机和广播器　　　图 2-35　后舱的内话机和广播器

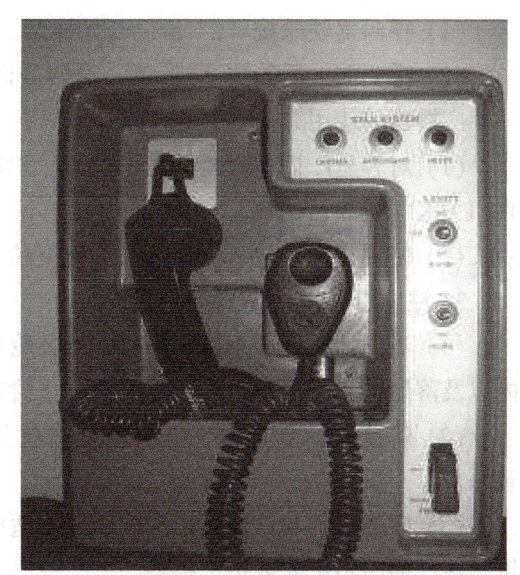

广播器的使用方法如下。

（1）拿起广播器，按住送话键广播。

（2）用完后放下广播器。

2. 波音 737-700/800 的内话机和广播器（见图 2-36）

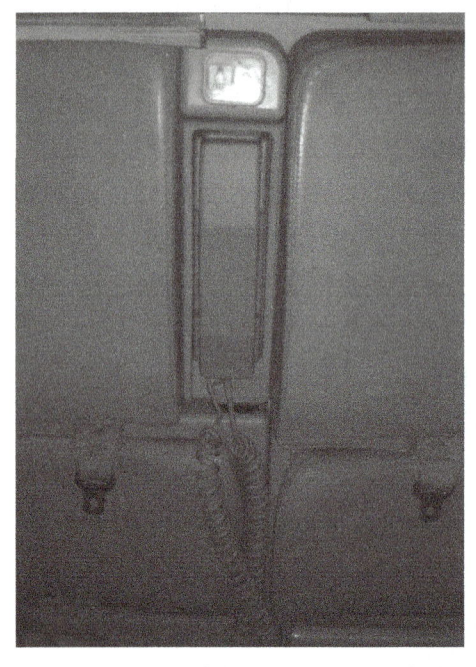

图 2-36　波音 737-700/800 的内话机和广播器

内话机的使用方法如下。

(1) 呼叫驾驶舱按"2"键，开始通话。

(2) 呼叫前、后舱按"5"键，开始通话。

广播器的使用方法如下。

(1) 对客舱广播按"8"键，按住"PUSH TO TALK"键开始通话，松开"PUSH TO TALK"键通话结束。

(2) 使用完毕后按下"RESET"键复位。

3. 注意事项

(1) 当内话机处于正常状态时，驾驶舱可随时听到通话声音。在飞机起飞后 3 分钟内以及落地前 8 分钟内，非极特殊情况（含非安全事件）禁止给驾驶舱打电话。

(2) 广播器的优先权为：机组广播优先于乘务员广播，乘务员广播优先于机上音乐。

(3) 广播时嘴与广播器之间的距离要适中。在广播中当需要停顿时，必须松开送话键。在广播时不可吹或拍广播器。

(4) 在广播时，旁边人员需保持安静，防止广播器中传出异常声响。

（七）呼叫显示系统

1. 位置

呼叫显示灯（见图 2-37）位于前后入口走廊顶棚上方的出口指示灯上。

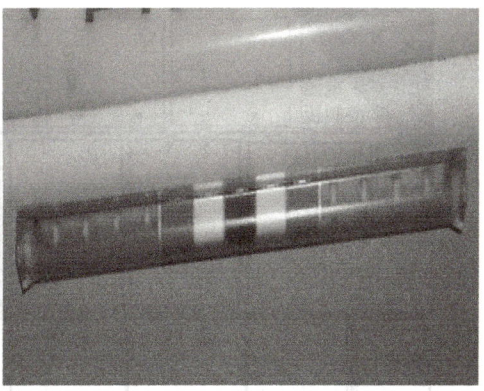

图 2-37　呼叫显示灯

2. 呼叫显示灯的颜色、铃声及解除方法

（1）当机组呼叫乘务员时，粉色灯亮，双音铃声。乘务员操作控制板上的"RE-SET"（复位）按钮解除呼叫显示。

（2）当乘务员之间呼叫时，粉色灯亮，双音铃声。乘务员操作控制板上的"RE-SET"（复位）按钮解除呼叫显示。

（3）当乘务员呼叫机组时，客舱内的显示灯不亮，驾驶舱内有蓝灯闪烁并有单音铃声。

（4）当旅客呼叫乘务员时，蓝色灯亮，高音铃声。乘务员操作该旅客座椅上方亮起的呼唤铃按钮解除呼叫显示。

二、厨房设备

厨房是乘务员为旅客准备餐饮的场所。波音 737 系列机型共有两个厨房，分别位于前舱服务间和后舱服务间（见图 2-38、图 2-39、图 2-40）。厨房用电为 115 伏交流电，由飞机的发动机/APU/地面外接电源供电，驾驶舱控制厨房总电源，当任何一台发动机发生故障时，厨房电源将自动切断。

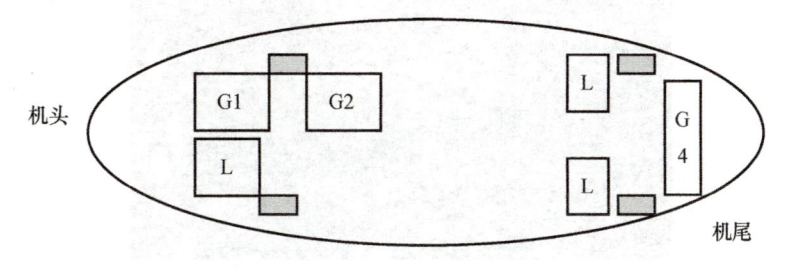

图 2-38　波音 737 系列机型的厨房布局

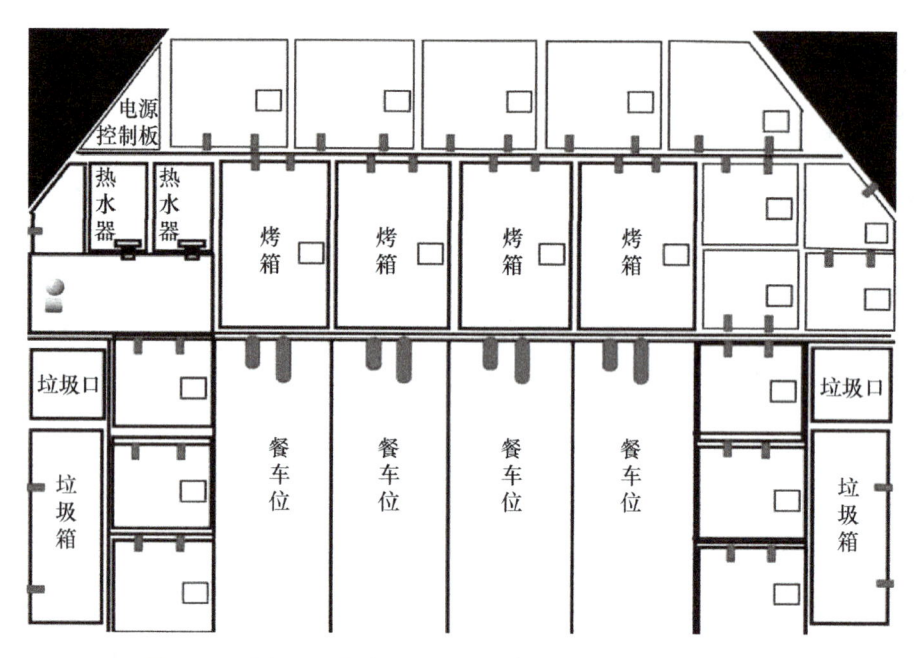

图 2-39 波音 737 系列机型后舱服务间厨房的机供品摆放标准

图 2-40 波音 737 系列机型后舱服务间的厨房

(一)烤箱(OVEN)(见图 2-41、图 2-42)

1. 作用

烤箱用于加热餐食。

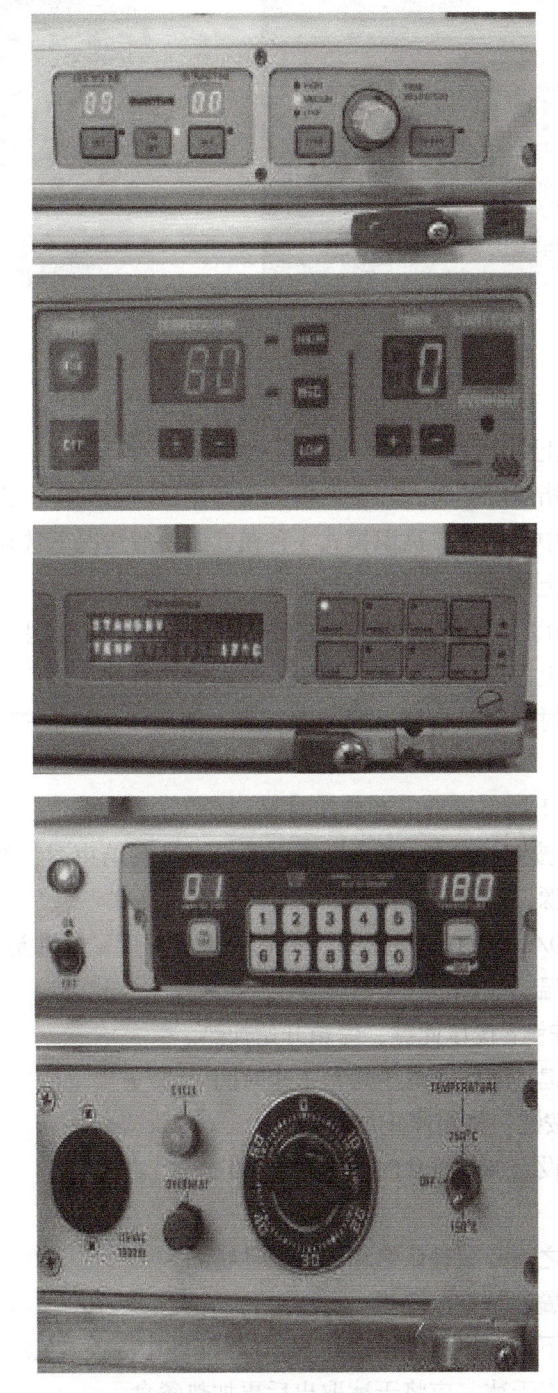

图 2-41 各类烤箱图片

图 2-41　各类烤箱图片（续）　　　　图 2-42　烤箱内部构造

2. 操作方法

（1）按压控制盒上的"ON/OFF"键接通电源。

（2）待所有电源指示灯亮时，在温度模式位置按压"TEMP"键选择加热模式。加热模式有低温模式、中温模式、高温模式 3 种模式，一般情况下选择中温模式。

（3）旋转控制盒上的旋钮，设定加热时间。

（4）按压时间显示栏下面的"SET"按键，黄色的指示灯亮起。

（5）按压控制盒上面的"START"按键，这时烤箱开始工作。

（6）当烤餐结束时，烤箱会发出"嘟嘟"声，按压"ON/OFF"键关闭电源，烤箱停止工作。

3. 烤箱操作面板上的字母含义和旋钮时限

（1）"ON/OFF"按键：接通/切断烤箱电源。当烤餐结束时，烤箱会发出"嘟嘟"声，按压此键关闭电源，烤箱停止工作。

（2）"HIGH/MED/LOW/DRY-HEAT"按键：选择温度，分别是高温、中温、低温、干加热，一般选择中温。

（3）"START"按键：按压此键，烤箱开始加热。

（4）"TIME"按键：增加或减少烤箱工作时间。

（5）"CLEAR"按键：烤箱停止加热。

（6）旋转定时器设定加热餐食时间（最长 60 分钟）。

4. 注意事项

（1）在每次加热之前必须确认烤箱内无其他物品。

（2）当烤箱内无餐食时不可空烤。

（3）在通常情况下将加热温度设定在 MED 挡（即中温模式）。

（4）如果餐盒内有干冰，应将干冰取出后再加热餐食。

（5）当烤箱内放满餐食时，在开门时需小心，以防餐食滑落。

（6）在飞机起飞、下降过程中不能使用烤箱。

（7）长时间的空烤会损伤烤箱叶片，造成安全隐患，但空烤时间控制在 3 分钟以内是安全的。在进行烤箱空烤预热时需注意以下事项。

① 在烘烤前检查烤箱内无异物和油脂。

② 严格将烘烤时间设定在 3 分钟以内。

③ 在烘烤过程中确保有乘务员监控。

（二）热水器（WATER BOILER）（见图 2-43）

1. 作用

热水器用于加热饮用水，为旅客提供咖啡、茶水等热饮。

2. 使用方法

（1）放水至水流顺畅，如无水流出需检查水表和水关闭阀。

（2）打开热水器电源开关，在 READY 灯亮起后即可使用，此时热水器内的水温可达 85℃。

3. 注意事项

（1）在 NO WATER 灯亮起后，立即关闭热水器的电源，扳动出水开关直至有水流出后，才可以再次打开电源开关。

（2）当水管里有喷气现象出现时，应注意防止烫伤。

（3）在飞机起飞、下降过程中必须关闭热水器电源。

（三）烧水杯（HOT CUP）（见图 2-44）

1. 位置

烧水杯位于前、后厨房水槽的旁边。

图 2-43　热水器 　　　　　　　　图 2-44　烧水杯

2. 使用方法

（1）将烧水杯装 4/5 的水，并插在插座上。

（2）打开烧水杯的计时开关，旁边有显示灯亮。

（3）一般情况下 5~10 分钟即可烧开，如果没有烧开，可继续打开计时器。

（4）如果水烧开了计时还没有结束，可先关闭计时器，再拔下烧水杯。

3. 注意事项

（1）为防止电器失火，禁止空烧烧水杯。

（2）在烧水结束后必须先关掉计时器，再拔下烧水杯。

（3）在拔出烧水杯时，谨防沸水烫伤。

（4）在航班飞行结束后，应将烧水杯内的余水全部倒掉。

（四）冷水管、积水槽（见图 2-45）

（1）冷水管在前后厨房各有一个，在清洗物品时使用。

（2）积水槽在前后厨房各有一个，位于冷水管下方。

（3）注意事项如下。

① 禁止饮用冷水管内的水。

② 禁止向积水槽内倒入牛奶、果汁、咖啡等液体，防止堵塞。

（五）服务台照明灯（WORK LIGHT）（见图 2-46）

1. 作用

服务台照明灯为乘务员在厨房工作时提供正常情况下的照明。

图 2-45　冷水管和积水槽　　　　图 2-46　服务台照明灯

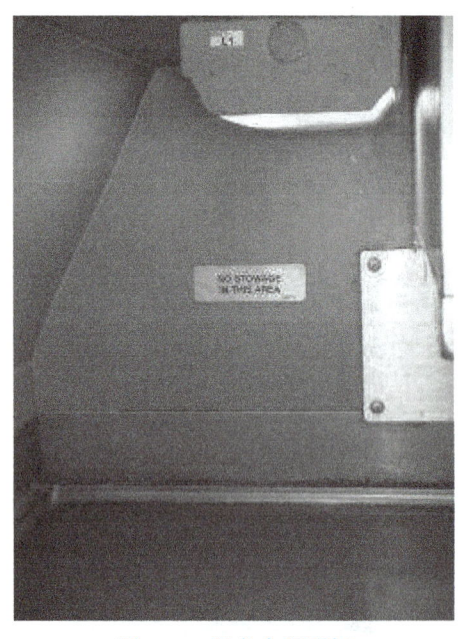

2. 服务台照明灯的挡位和开关位置

服务台照明灯有三个挡位，分别是：BRIGHT/DIM/OFF。服务台照明灯的开关位于前后厨房的配电板上。

（六）储物格（STORAGE）（见图 2-47）

1. 作用

储物格用于放置各类机供品及乘务员物品。

2. 位置

储物格位于前后厨房内。

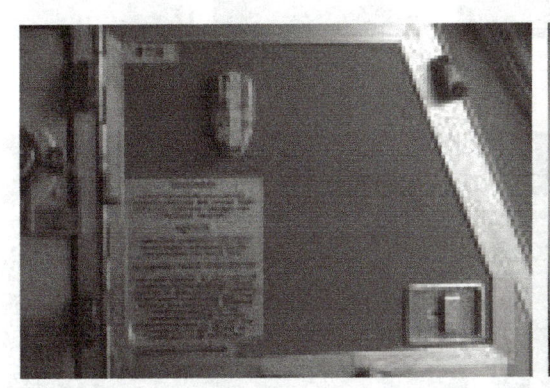

图 2-47 储物格

3. 注意事项

（1）在用完后要及时锁闭储物格和格挡。

（2）部分波音 737-700/800 机型在某些位置有暗格。

（七）餐车（见图 2-48）

1. 作用

餐车用于存放餐食、饮料等机供品。

2. 分类

餐车分为长车和对半车。

3. 注意事项

（1）在使用时要及时锁闭餐车门和刹车。

（2）在飞机起飞、下降的过程中，要保持餐车处在锁闭状态。

4. 餐车位（见图 2-49）

（1）作用：餐车位用于放置并固定餐车，在使用时及时扣好车位上部的锁扣。

（2）分类：分为长车位和对半车位。

注：部分有对半车挡的长车位可以放置对半车。

图 2-48 餐车

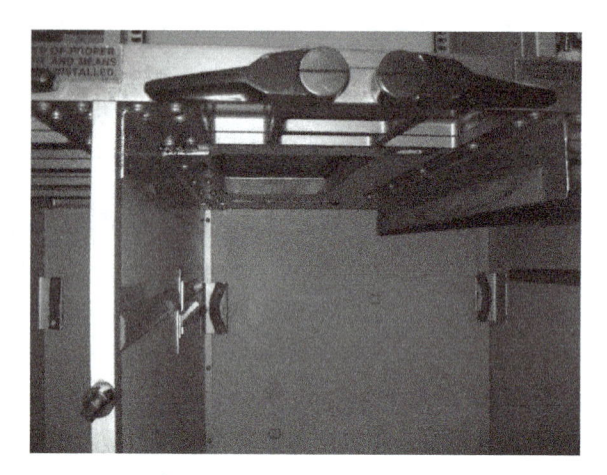

图 2-49 餐车位

（八）垃圾箱（WASTE）（见图 2-50）

1. 作用

垃圾箱用于放置机上的垃圾。

2. 注意事项

（1）在使用时必须套上垃圾袋。

（2）在不使用时保持垃圾箱的盖子关闭。

（3）不能丢入烟头等易燃物品。

（4）不能往垃圾箱内倒入液体。

（九）前厨房控制面板（见图 2-51）

1. 前厨房控制面板的装置

前厨房控制面板的装置主要包括电源显示灯、工作灯开关、前服务间区域灯光开关、烤箱电源

图 2-50 垃圾箱

开关、烧水杯开关、热水器电源开关。

图 2-51　前厨房控制面板

2. 注意事项

（1）在使用时指示灯亮。

（2）关闭电源跳开关可切断电源。

（3）在短路时跳开关自动跳开。

（4）当某一个电源跳开关自动跳开时，乘务员在得到机长的允许后要复位一次。如果再次跳开，说明线路出现故障，不能再次复位，应填写客舱记录本交由机务人员处理。

（十）后厨房控制面板（见图 2-52）

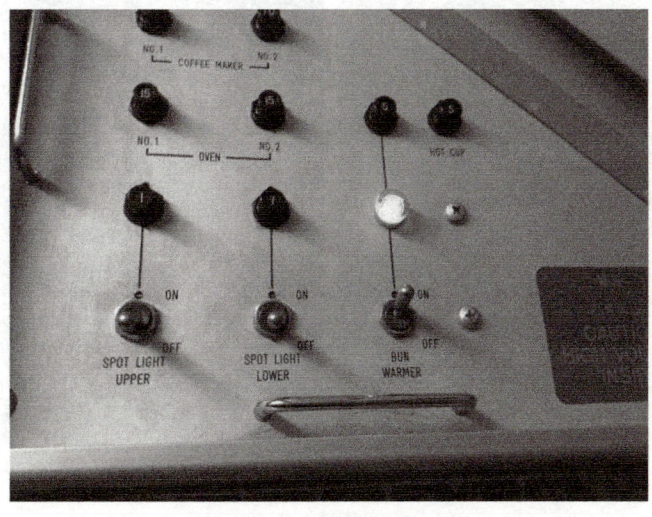

后厨房控制面板的装置包括烧水杯开关、工作灯开关、热水器电源跳开关、电源跳开关。使用时的注意事项同前厨房控制面板。

图 2-52　后厨房控制面板

（十一）水阀开关（WATER SHUTOFF VALVE）（见图 2-53）

1. 水阀开关的位置

水阀开关一般位于厨房顶部或底部。

2. 使用方法

（1）当开关指向 ON 位时，水阀打开。

（2）当开关指向 OFF 位时，水阀关闭。

图 2-53　水阀开关

（十二）厨房电源插座（见图 2-54）

1. 作用

厨房电源插座用于外接电器，提供 10A、115V、400Hz 的外接电源。

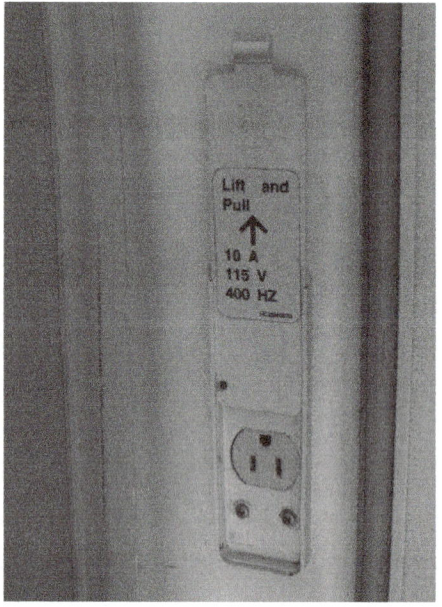

图 2-54　厨房电源插座

2. 注意事项
（1）在使用时将插座盖板向上滑动推开。
（2）在使用完毕后将插座盖板滑下复位。

厨房电源插座位于服务间，为了确保安全，旅客禁止进入服务间。如果旅客要为电子产品充电，必须把该电子产品留在服务间，而乘务员没有时间为旅客看管物品，因此波音737飞机的厨房电源插座不允许旅客使用。

三、洗手间设备

（一）婴儿板（见图 2-55）

1. 作用

洗手间内的婴儿板用于为婴儿更换衣服及尿布。

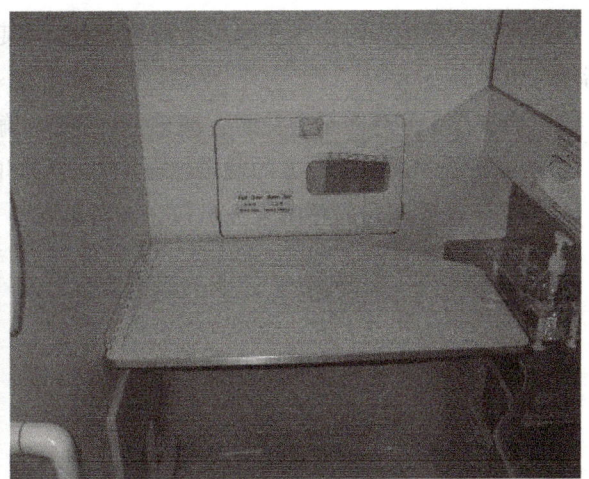

图 2-55　婴儿板

2. 使用方法及注意事项
（1）拉开锁扣并放下婴儿板，就可使用。
（2）在使用完后需及时收回，并确保锁扣复位。

（二）残疾人用具（见图 2-56）

1. 位置

残疾人用具位于洗手间内。

2. 作用

残疾人用具是当飞机颠簸时，旅客固定自身的工具。

图 2-56　残疾人用具

（三）洗手间呼叫按钮（见图 2-57）

1. 作用

洗手间呼叫按钮是旅客需要帮助时的呼叫工具。

图 2-57　洗手间呼叫按钮

2. 使用方法

（1）当按下此按钮时，洗手间门上的琥珀色灯亮起，单高音铃声响起，同时服务间内指示灯也亮起。

（2）当在洗手间呼叫乘务员时，琥珀色灯亮起。解除的方法如下。

① 按一下洗手间门框上方的琥珀色显示灯即可解除。

② 按一下洗手间内的呼叫乘务员按钮即可解除。

（四）马桶

1. 构造

马桶由桶身、桶盖和马桶垫组成。

2. 分类

马桶分为抽水式马桶和循环冲水式马桶。

1）抽水式马桶（见图 2-58）

① 操作方法：按下蓝色"PUSH"键，马桶开始抽水。

② 注意事项：洗手间废水经过滤、净化后，通过机腹部几根可以加热的金属管排出机外。排泄物集中收集在飞机腹部的集便器内，由地面的排污车负责抽取。

图 2-58　抽水式马桶

2）循环冲水式马桶（见图 2-59）

① 操作方法：按照红色箭头方向向下扳动冲水钮，马桶开始冲水。

② 注意事项：洗手间的废水经过滤、净化后，通过机腹部几根可以加热的金属管排出机外。马桶水中有化粪剂，通常为蓝色并且有香味，马桶水可以循环使用，在地面由排污车负责更换。

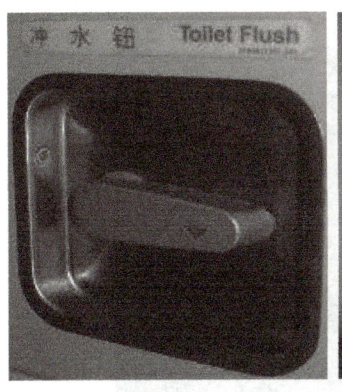

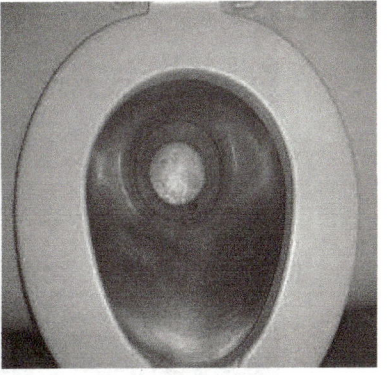

图 2-59　循环冲水式马桶

（五）垃圾箱和洗手盆（见图 2-60）

垃圾箱盖板可以在使用后自动弹回。洗手盆位于垃圾箱的旁边。

图 2-60　垃圾箱和洗手盆

（六）按压式水龙头

（1）按压出水，停止按压出水即停止（见图 2-61）。蓝色按钮是冷水，红色按钮是热水。

（2）按压出水，按钮自动弹回出水停止（见图 2-62）。水龙头上有温度选择旋钮，蓝色为冷水，红色为热水，将旋钮旋至相应位置然后向下按压即出水。水龙头开关有延迟，到达时间后水龙头自动收回，出水停止。

（七）洗手液、香水放置架（见图 2-63）

1. 作用

洗手液、香水放置架用于放置洗手液、香水及护手霜等。

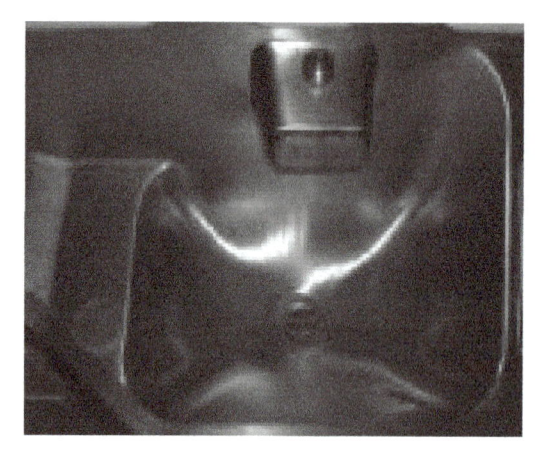

图 2-61　按压式水龙头图一

图 2-62　按压式水龙头图二　　　　图 2-63　洗手液、香水放置架

2. 注意事项

当飞机没有配备洗手液、香水放置架时，在飞机起飞、下降的过程中必须将洗手液、香水、护手霜等放到洗手盆内。

(八) 小物件放置盒（见图 2-64）

1. 作用

小物件放置盒用于存放擦手纸、固体芳香剂等。

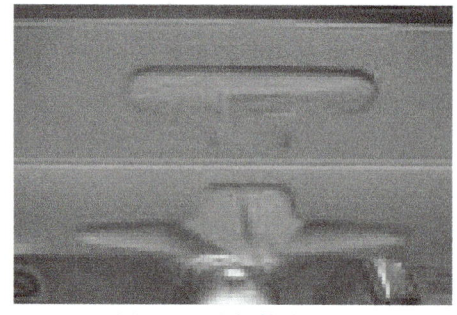

图 2-64　小物件放置盒

2. 使用方法

① 按压小物件放置盒底部的按钮，小物件放置盒自动打开。

② 按压小物件放置盒的两端，小物件放置盒自动打开。

3. 注意事项

在关闭小物件放置盒时，要确保锁扣复位。

（九）卫生用品存放盒（见图 2-65）

1. 功能

卫生用品存放盒里可以放置马桶垫纸、呕吐袋、卫生巾等卫生用品。

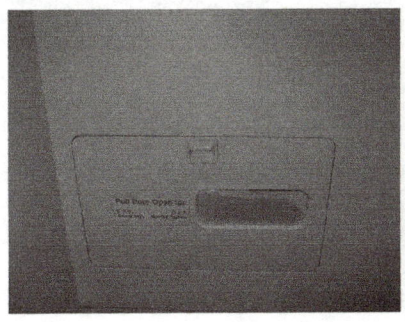

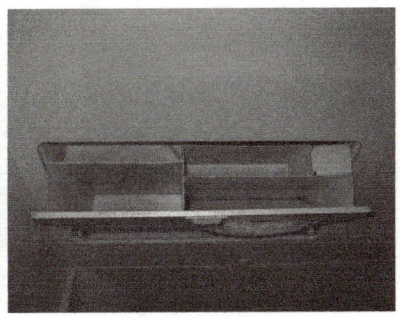

图 2-65　卫生用品存放盒

2. 操作方法

打开卫生用品存放盒，在关闭时要确保锁扣复位。

（十）卫生卷纸放置处

卫生卷纸放置处如图 2-66 所示。

（十一）镜子

镜子用于旅客整理仪容仪表。

（十二）洗手间门闩（见图 2-67）

1. 功能

当洗手间门闩锁闭时，客舱内洗手间占用指示标识显示有人。

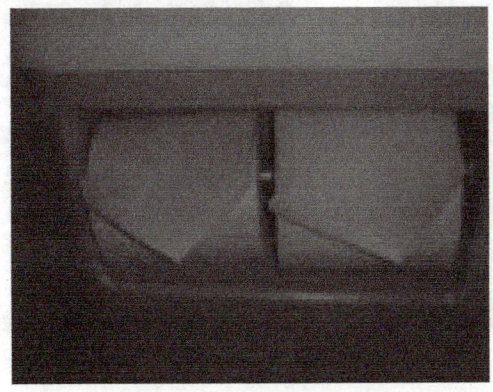

图 2-66　卫生卷纸放置处　　　　图 2-67　洗手间门闩

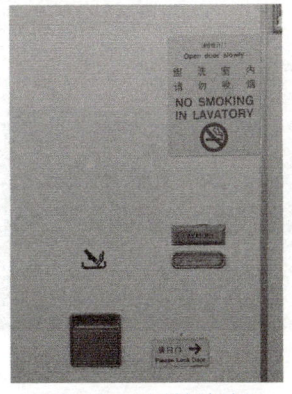

2. 外部开启及锁闭方法（见图 2-68）

（1）在洗手间占用指示标识上方有一个标有"LAVATORY"的金属板，扳开金属板，里面有一个活动插销，可以通过移动该插销来锁闭或开启洗手间的门。

（2）在洗手间占用指示标识内有一个椭圆形小孔，可以将笔或其他硬物塞入小孔内，上下滑动，该标识联动门闩，从而达到锁闭或开启洗手间的目的。

3. 内部开启及锁闭方法（见图 2-69）

在洗手间内部沿着箭头指示方向扳动活动锁销，即可开启或锁闭洗手间。

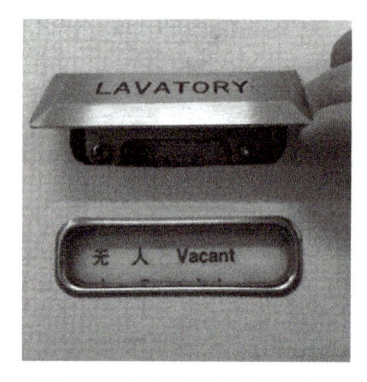

图 2-68　外部开启洗手间门闩

图 2-69　内部开启洗手间门闩

（十三）烟灰盒（见图 2-70）

洗手间门上的烟灰盒用于放置旅客违规吸烟时的烟头。

（十四）洗手间热水器（见图 2-71）

1. 开关位置

热水器开关位于洗手盆下方面板内。

图 2-70　烟灰盒

图 2-71　洗手间热水器

2. 使用方法

将热水器开关扳至 ON 位则开启热水器，扳至 OFF 位则关闭热水器。

3. 注意事项

水的温度一般保持在 52℃~56℃ 之间，在热水用完后，热水器会在 4 分钟内重新加热，当水温达到 88℃ 时，热水器会自动关闭，也可手动把热水器关掉。

(十五) 洗手间通风孔、扬声器（见图 2-72）

左右旋转通风孔可以调节空调风速，旅客不可以自行调节扬声器音量。

图 2-72　洗手间通风孔、扬声器

(十六) 洗手间供水选择阀门（见图 2-73）

洗手间供水选择阀门位于洗手盆下方的柜中，有四个位置。

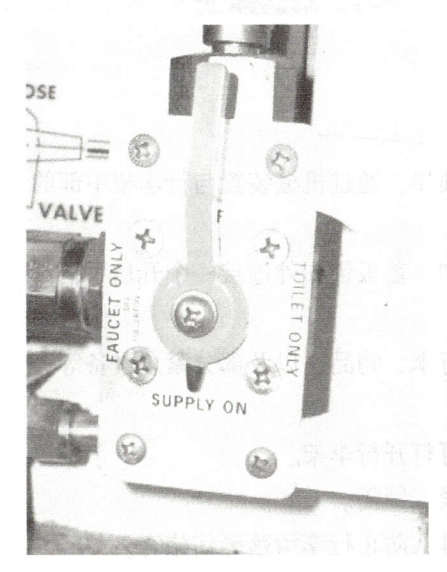

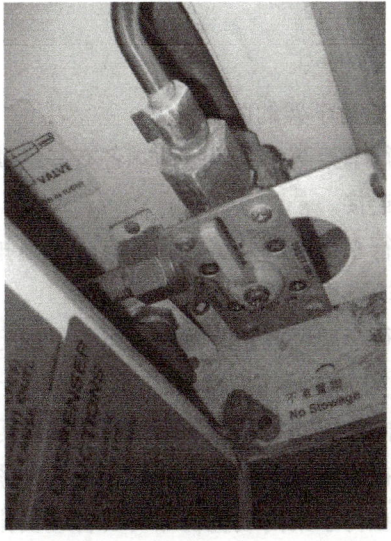

图 2-73　洗手间供水选择阀门

(1) 供水/排水（SUPPLY/DRAIN）：正常工作位置。

(2) 龙头（FAUCET）：当阀门在此位置时，仅供洗手盆水龙头出水而马桶无水。

(3) 抽水马桶（TOILET）：当阀门在此位置时，仅供马桶出水而洗手盆水龙头无水。

(4) 关闭（SHUT OFF）：关闭用水。

第五节　客舱设备

一、客舱行李架

客舱行李架如图 2-74、图 2-75 所示。

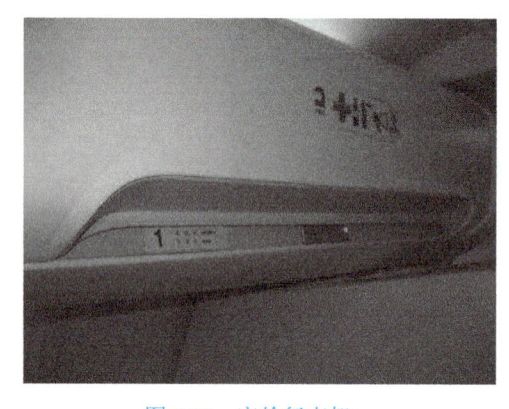

图 2-74　客舱行李架一　　　　　　图 2-75　客舱行李架二

1. 客舱行李架的两种装置

(1) 行李架两端及盖板两端各有一组锁扣，通过机械装置与行李架中部的"PUSH"开启键相连接。

(2) 行李架中部及盖板中部有一组锁扣，盖板锁扣外连接一个开启手柄。

2. 作用

客舱行李架可放置旅客和机组人员的行李、物品，以及部分紧急设备等。

3. 使用方法及注意事项

(1) 向外扳动锁扣或向下按压锁扣即可打开行李架。

(2) 在关闭行李架时，要确保锁扣扣紧、锁闭。

(3) 在行李架内放置物品时要合理安排，防止行李滑落砸伤旅客。

二、旅客座位标识

客舱里每排座位都有一个编号，编号从前舱至后舱依次递增。每一排可能有多个座位，每个座位用一个字母表示，字母顺序从左至右编排。座位编号通常印在每排座椅头顶上方的行李架上，也可以印在天花板或者乘客服务面板上，用灯标的形式展现。旅客座位标识示意图如图 2-76 所示。

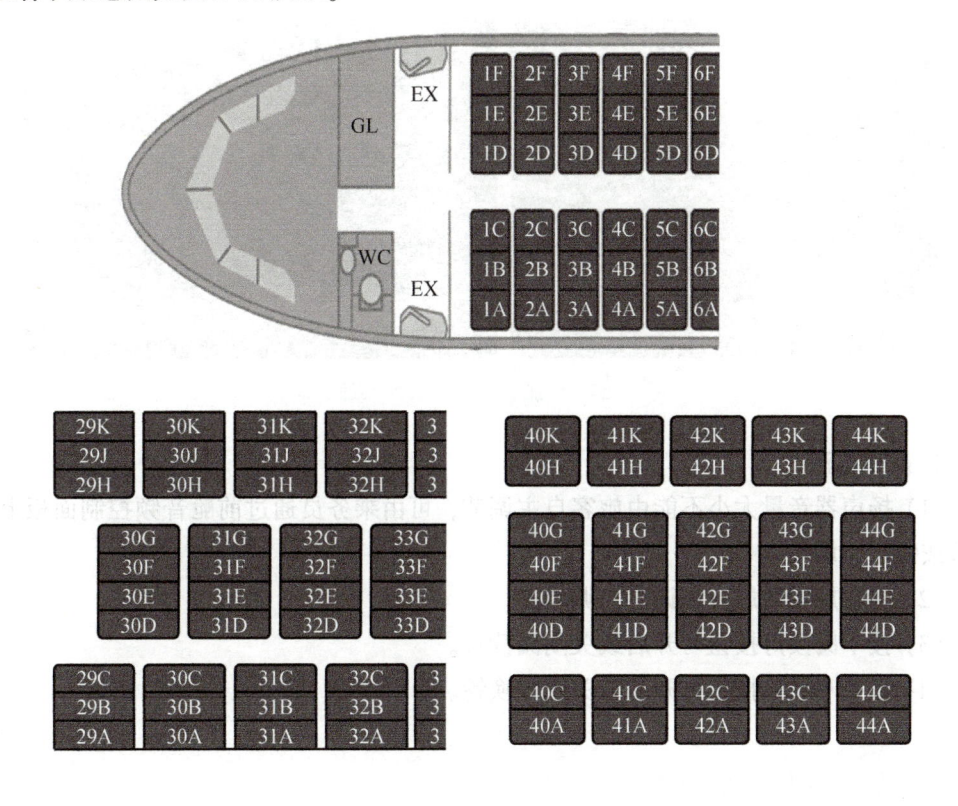

图 2-76　旅客座位标识示意图

窄体飞机和宽体飞机的座位标识不同。窄体飞机如果一排有六个并排座位，则座位的字母顺序（从左到右）为 A（左窗口）、B（中间）、C（过道）、D（过道）、E（中间）、F（右窗口）。如果窄体飞机一排有四个座位，则座位的字母顺序（从左到右）为 A（左窗口）、C（过道）、D（过道）、F（右窗口）。

宽体飞机可根据座椅宽度的不同进行配置。一般波音 747 机型采用 3-4-3 形式，一排有 10 个座位，标示字母从左至右为 ABC，DEFG 和 HJK（不选用字母 I，以免和数字 1 混淆）。同样，座位较少的 2-4-2 形式一排有 8 个座位，标识字母从左至右为 AC，DEFG 和 HK。

三、旅客服务组件

1. 装置

旅客服务组件的装置主要包括扬声器、通风口、阅读灯、阅读灯按钮、呼唤铃、呼唤铃按钮、"请勿吸烟并系好安全带"信号灯、氧气面罩贮藏箱，氧气面罩人工开放按钮（见图2-77）。

图 2-77　旅客服务组件的装置

2. 操作方法

（1）扬声器音量大小不能由旅客自主调节，可由乘务员通过前舱音频控制面板上的调节按钮进行调整。

（2）左右旋转通风口可调节空调风速。

（3）按下阅读灯按钮可开启或关闭阅读灯。

（4）按下呼唤铃按钮可开启或关闭呼唤铃。

四、旅客座位上的设备

1. 安全带

安全带由两根可以对扣的带子组成，两根带子与座椅相连。

2. 座椅靠背调节按钮（见图2-78）

1）使用方法

（1）按下座椅靠背调节按钮，可以使座椅靠背向下调节。

（2）再次按下调节按钮，座椅靠背可复位。

2）注意事项

在飞机起飞、下降时必须将座椅靠背调直。

五、头等舱设备

1. 旅客座椅

头等舱旅客座椅如图 2-79 所示。

图 2-78　座椅靠背调节按钮

图 2-79　头等舱旅客座椅

2. 座椅脚踏板

1）使用方法

头等舱座椅脚踏板如图 2-80 所示。当旅客需要使用脚踏板时,可按下脚踏板的按钮(见图 2-81),此时脚踏板会自动弹起。部分头等舱的座椅扶手上还设有调节脚踏板长度的伸缩按钮,可供头等舱旅客根据自己的实际需求来调节脚踏板的长度。当需要收起脚踏板时,旅客只需按住脚踏板的按钮即可。

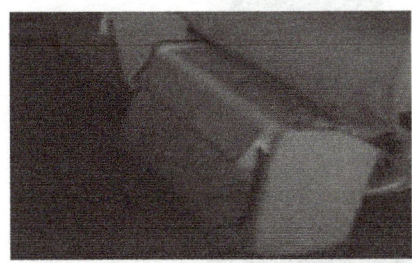

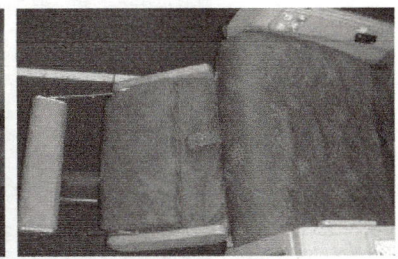

图 2-80　头等舱座椅脚踏板

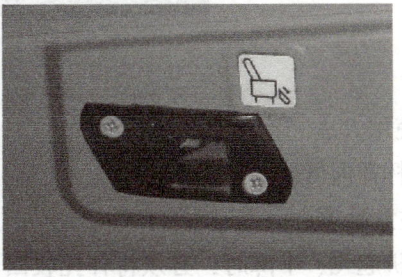

图 2-81　脚踏板的按钮

2）注意事项

当飞机起飞、下降时，头等舱座椅脚踏板要调整到与地面垂直的状态。

3. 旅客小桌板（见图 2-82）

1）位置

旅客小桌板通常位于座椅扶手的夹层内，头等舱、普通舱的第一排和紧急出口处旅客座椅上的旅客小桌板位于座椅的扶手内。

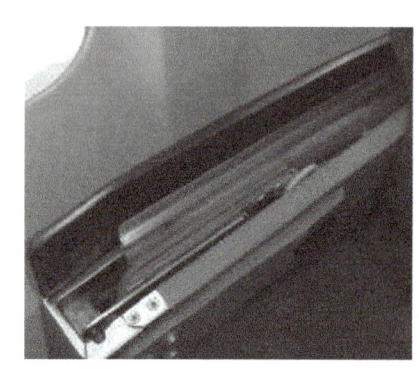

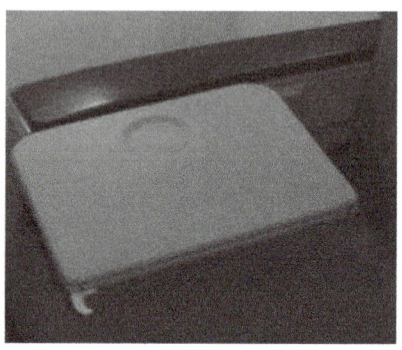

图 2-82　旅客小桌板

2）注意事项

当飞机起飞、下降时，旅客小桌板必须收回并盖好。

4. 杯托（见图 2-83）

1）位置

座椅扶手处设有可以拉出的杯托。

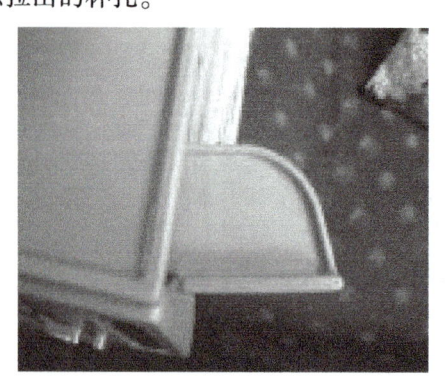

图 2-83　杯托

2）使用方法

拉出杯托即可使用。

3）注意事项

当飞机起飞、下降时，必须将杯托收回、复位。

5. 视频显示器（见图 2-84）

1）使用方法

① 视频显示器安装在座椅扶手里，扳开锁扣打开视频显示器，即可使用。

② 移动向上、向下箭头可以调节视频显示器的亮度。

图 2-84　视频显示器

2）注意事项

当飞机起飞、下降时，必须将视频显示器复位、锁闭。

6. 衣帽间（见图 2-85）

衣帽间设在飞机的前客舱与前登机门之间，其主要用途是放置旅客和乘务员的随身衣物。

图 2-85　衣帽间

六、经济舱设备

1. 旅客座椅（见图 2-86）

旅客座椅用于旅客乘机和休息。

2. 旅客小桌板

当飞机起飞、下降时，旅客小桌板必须复位、锁闭。

3. 座椅椅背上的口袋（见图 2-87）

座椅椅背后下部有一个可放置清洁袋、安全须知和宣传品的口袋。

4. 出口座位

出口座位是指旅客从该座位可以不绕过障碍物直接到达出口的座位，以及旅客从离出口最近的过道到达出口必经的成排座位中的每个座位。使用出口座位应注意以下事项。

（1）在出口座位就座的旅客应符合出口座位要求，乘务员应逐一向在出口座位就座的旅客介绍出口座位须知等内容。

（2）明确"第一排有挡板的座位和最后一排座位"不是出口座位，应监督清洁队人员不要在此座位插放印有《出口座位安全须知》的卡片。

（3）乘务员监督及确保在各机型的出口座位就座的旅客必须符合出口座位要求，并确保此座位已插放印有《出口座位安全须知》的卡片。

图 2-86　旅客座椅　　　图 2-87　座椅椅背上的口袋

第六节　客舱标牌

1. 紧急出口灯（见图 2-88）

（1）当飞机发动机和 APU 同时停止供电时，所有紧急出口灯的开关打开，其电源为飞机应急备用电瓶。

（2）从前登机门到后登机门处的客舱地板、座椅边缘、行李架边缘会设有紧急出口灯，灯光为红色。

（3）每一个紧急出口的上方，以及与紧急出口平行的天花板上，都设有紧急出口灯（见图 2-89），当此处的紧急出口灯亮起时，其显示颜色为白底红字。

2. 注意事项

由于所有紧急出口灯由飞机应急备用电瓶供电，所以在非紧急情况下，对紧急出口灯进行检查时，开启的时间不要过长。

3. 洗手间占用/空闲显示灯（见图 2-90）

该显示灯位于前客舱第 2 排的天花板上和后客舱第 24 排的天花板上，洗手间的门闩可控制显示灯的开关。当洗手间空闲时，显示灯显示为无人或 VACANT；当洗手间被占用时，显示灯显示为有人或 OCCUPIED。

图 2-88　紧急出口灯

图 2-89　紧急出口上方的紧急出口灯

图 2-90　洗手间占用/空闲显示灯

第七节　客舱环境管理

维护好客舱环境是乘务员顺利开展客舱各项工作的前提，爱护客舱设备是每一个乘务员应尽的职责。

一、客舱内环境管理

（1）乘务员在整理完报纸后应及时洗手，以免弄脏客舱其他设备。
（2）当客舱内行李架、旅客小桌板上有污渍时，乘务员要及时擦干净。
（3）对于使用过的录像带和磁带，乘务员应及时倒带并放回固定位置。
（4）在使用广播器时，要轻拿轻放。
（5）在过站期间和航后，关闭客舱中开启的阅读灯。

二、服务间环境管理

（1）不将矿泉水放在乘务员座椅上，以免影响座椅的弹性。在就座和起身时，应用手轻扶座椅以延长其使用寿命。
（2）在服务程序结束后，乘务员应及时将烤箱擦干净，清洗咖啡壶。
（3）避免向垃圾袋内倾倒液态垃圾，并避免垃圾袋破损弄污地板和设备。
（4）餐车和储物格内堆放的物品不要过多，避免餐车门及储物格门变形。
（5）在将咖啡壶放进储物格前，确保咖啡壶内无水，以免壶内的水弄污设备。
（6）轻开、轻关储物格、餐车和烤箱的门。

三、洗手间环境管理

（1）禁止将杂物丢入马桶内，如饮料罐、水杯、毛巾、清洁袋等。加强对旅客的监督，阻止旅客误将杂物投入马桶。
（2）在过站期间，乘务员应及时监督清洁人员按要求更换厨房、洗手间内的垃圾袋，及时更换马桶水和添加化粪剂。
（3）在飞机起飞、下降时和打扫完洗手间后，乘务员要及时盖好马桶盖，防止洗手液等物品掉入马桶，禁止将洗手盆内的活塞拔出。

四、厨房环境管理

（1）厨房乘务员应勤洗手，注意个人卫生，为旅客提供安全、卫生的餐饮服务。
（2）冷、热食物及用具要分开冷藏或加温，保证温度适中。
（3）厨房内所有服务用具要轻拿、轻放、轻开、轻关，并保证用具干净、无污迹。
（4）保证厨房内冰箱、烤箱、保温箱、储藏室的干净、整洁。
（5）塑料和纸质物品不能放入烤箱和保温箱内。
（6）保持厨房工作间的干净、整洁。正确使用厨房设备。
（7）在飞机起飞、降落时，将不需要使用的厨房设备的电源关闭。
（8）在飞机起飞、降落时，所有服务用品必须安全存放或固定。
（9）在出入厨房时，乘务员应注意拉隔舱遮帘，并且谢绝旅客逗留。

五、客舱记录本管理

客舱记录本如图 2-91 所示。

图 2-91 客舱记录本

1. 填写要求

（1）在执行航班任务过程中，要注意观察，对所发现的故障要及时向乘务长反映，禁止对微小故障视而不见。

（2）乘务长要记录好组员反馈的客舱设备故障，并保证在航班结束前完成客舱记录本的填写。

（3）所有客舱设备故障都必须填写在客舱记录本上，杜绝出现在过站期间只与机务人员口头交接，而不填写客舱记录本的现象。

（4）填写规定：同一栏中只能填写一个故障，对照《机上设备故障清单》用黑色或蓝色圆珠笔，进行中英文双语填写。要求用语准确，字迹清楚。

（5）备注说明：如果乘务长不会用英文表述某一故障，且《机上设备故障清单》中未列明此项，乘务长可在客舱记录本中只用中文填写，但要在《乘务日志》中记录备查。

2. 填写范围

客舱记录本用来记录客舱内部设备的故障，包括内容如下。

（1）旅客能感受到的所有设施设备已经不能使用或不方便使用的情况，均属于填写范围，如遮光板不能正常使用，马桶垫圈有缺口松动，阅读灯不工作，等等。

（2）乘务员不能操作或不方便使用的所有设施设备，均属于填写范围，如热水器喷气易烫手，烧水杯有水垢，烤箱加热不均匀，乘务员座椅无弹力，等等。

（3）与客舱环境、客舱布置、客舱氛围有关的所有设备故障，均属于填写范围，如地毯翘起，地板压条缺失，座椅套缩水破损，出口操作手柄盖板松动，救生衣等设备标识张贴不牢，等等。

六、客舱内脱落物处置

1. 客舱内脱落物

客舱内脱落物是指不在正确安装位置的客舱内所有零部件，包括服务间、洗手间、地板、壁板、行李架、衣帽间、座椅等的所有零部件和紧固件。

2. 存放位置

（1）将客舱内脱落物存放在客舱记录本所在的行李架内。

（2）如果客舱内脱落物过大，无法放入客舱记录本所在的行李架内，则参照表 2-2 所列位置存放。

表 2-2 客舱内脱落物存放位置

机型	存放位置
737	前舱衣帽间
767	靠近 L1 门的衣帽间
330	C2L 衣帽间
340	C3L 衣帽间

（3）如果所执行机型无衣帽间，可寻找合适的行李架存放并在客舱记录本上注明。

3. 注意事项

（1）以不影响舱内其他物品的摆放为原则，将客舱内脱落物整齐摆放在规定位置。

（2）客舱内有脱落物并已进行存放，填写客舱记录本，存放在其他行李架上的脱落物需注明具体位置。

（3）明确脱落物原来的安装位置，并在客舱记录本上注明。

七、客舱异味处置

（1）在航前及过站时，喷洒适量空气清新剂并打开通风口。

（2）在烘烤及制作餐食时，拉好服务间与客舱之间的隔舱遮帘，避免气味进入客舱。

（3）如果遇到旅客行李渗漏或餐食泼洒污染客舱设备，在飞行过程中无法彻底清洁的情况，则应在航后及时联系清洁队进行彻底清洁。

（4）根据实际情况调整客舱温度。

【项目实训】

分组进行以下实训项目练习。

（1）行李架的开启和关闭、座椅靠背和脚踏板的调节、安全带的打开和锁闭、旅客小桌板的打开和收起、旅客服务组件的操作。

（2）厨房内储物格、烤箱、烧水杯、餐车的使用。

（3）进行滑梯预位和解除预位操作。

（4）进行舱门的操作。

【自我检测】

（1）了解客舱记录本和安全带的实际放置位置。
（2）熟悉紧急出口位置和紧急出口灯的位置。
（3）熟悉洗手间的位置及里面的基础设备。
（4）熟悉前后舱控制面板和厨房控制面板。

第三章　民航乘务员服务职责

知识目标

(1) 熟悉乘务工作中乘务员的岗位职责。
(2) 熟悉波音737飞机乘务员的岗位职责。

能力目标

(1) 掌握波音737飞机乘务员的岗位职责。
(2) 掌握波音737飞机乘务员的站位。
(3) 掌握进行旅客管理的沟通方法。

第一节　民航乘务员的岗位职责

在商业航班上，乘务员的主要工作是安全管理和客舱服务，负责旅客在从登机至下机整个过程中的安全和服务。

一、民航乘务员岗位及其职责

(一) 乘务长 (Purser/Host Attendant, PS/HA) 的岗位职责

(1) 服从机长的指挥，负责组织实施飞行四个阶段的工作及乘务组在外站期间的管理，督促乘务员按照航空公司的相关规定做好服务工作，确保优质服务及客舱安全。

(2) 按航空公司的标准完成航前准备会及航后讲评会，并对乘务员所携带的飞行装备进行检查。

(3) 负责头等舱部分服务工作，并监督经济舱服务工作，了解特殊旅客、VIP旅客的信息，签收订餐单、机上清洁用品、机供品和部分重要业务文件，交接有关物品。

(4) 负责核对、保管和交接舱单、货单、总申报单等，检查有无海关关封。

(5) 在关闭机舱门或飞机完全停稳，系好安全带信号灯熄灭后，负责下达操作滑梯的指令。

(6) 负责各类信息的反馈，并提出合理化建议。

(7) 负责填写《乘务日志》、客舱记录本、《机上重大事件报告单》等。

(8) 负责与飞行机组和地面各部门的协调工作。

(9) 负责航班出现特殊情况时的服务计划调整。

(10) 负责在紧急情况下的广播及对紧急情况的处置与指挥。

(11) 服从机长的领导，负责乘务组临时驻外的管理工作。

(12) 负责收集旅客对机上服务工作的反馈意见，解决机上疑难问题，并提出合理化建议，有特殊情况及时向乘务值班人员及上级部门进行汇报。

(13) 负责与机组协同，在登机前将协同结果告知乘务员，监督乘务员在飞行各个阶段的专业化形象。

(14) 指定乘务员加强对应急出口及紧急设备进行监督。

(15) 负责对安全员的行为进行监督并指导。

(二) 区域乘务长的岗位职责

(1) 区域乘务长由乘务长管理，是后舱的负责人。

(2) 负责普通舱的服务工作。

(3) 负责协助乘务长实施乘务四个阶段的工作。

(4) 负责所管辖区域的客舱服务和安全工作。

(5) 负责签收后舱机供品单，检查后舱餐食数量、质量和签封是否完好，并向乘务长汇报。

(6) 协助乘务长实施调整后的服务计划。

(7) 协助乘务长实施各类紧急处置程序。

(8) 负责向乘务长反映各种信息，提出合理化建议。

(9) 协助乘务长做好乘务组临时驻外的管理工作。

(三) 客舱乘务员 (Stewardess/Attendant，SS/AT) 的岗位职责

(1) 负责实施本区域的客舱服务和安全工作。

(2) 负责实施乘务四个阶段的工作。

(3) 负责向乘务长/区域乘务长反映各种信息，提出合理化建议。

(4) 负责实施本区域的各类紧急处置程序。

(5) 负责完成乘务长交办的其他工作。

(6) 保证并全程监督驾驶舱舱门区及机上各紧急出口的安全。

(四) 厨房乘务员的岗位职责

(1) 负责实施乘务四个阶段的工作。

(2) 负责本区域厨房内食品、供应品的检查，并检查签封是否完好。对餐食和其他食品的质量抽样检查，并将结果汇报给本区域负责人。

(3) 负责本区域厨房设备的检查、操作和维护。
(4) 保证本区域厨房整洁、餐具干净无污物、各种物品摆放整齐美观。
(5) 负责协助本区域负责人做好中途站物品交接工作。
(6) 负责协助客舱乘务员做好客舱服务工作。
(7) 负责实施本区域的各类紧急处置程序。
(8) 负责完成乘务长/区域乘务长交办的其他工作。

（五）广播员的岗位职责

(1) 负责按要求完成乘务四个阶段的工作。
(2) 负责按照广播标准和要求完成客舱的广播工作。
(3) 负责实施本区域的客舱服务和安全工作。
(4) 负责本区域广播设备的检查、操作和维护。
(5) 负责实施本区域的各类紧急处置程序。
(6) 负责完成乘务长交办的其他工作。

（六）头等舱乘务员的岗位职责

(1) 负责实施乘务四个阶段的工作。
(2) 负责本区域内旅客的服务工作。
(3) 负责本区域厨房设备的检查、操作和维护。
(4) 负责协助本区域负责人做好中途站物品交接工作。
(5) 负责协助其他舱位乘务员做好客舱服务工作。
(6) 负责实施本区域的各类紧急处置程序。
(7) 负责完成乘务长交办的其他工作。

二、波音737飞机乘务员的岗位职责

1号乘务长（PS1/HA）为乘务组的第一负责人，对旅客的安全和服务质量负责，同时对乘务组的全程工作表现负责。

2号乘务员（SS2/AT2）为后舱负责人，归乘务长管理，在服务实施阶段，负责对所管辖区域内乘务员的工作进行监督和管理，检查乘务员是否按照标准做好服务工作，确保优质服务和客舱安全。

3号乘务员归乘务长管理，在前舱工作。4号、5号和6号乘务员归2号乘务员管理，在后舱工作。

表3-1所列为波音737飞机乘务员的岗位职责。

表 3-1　波音 737 飞机乘务员的岗位职责

程序	机型	PS1/HA	SS2/AT2	SS3/AT3	SS4/AT4	SS5/AT5	SS6/AT6
检查应急设备的区域	300/700	L1 门区、总体监控	L2 门区	R1 门区、前服务间、前洗手间、从第 1 排至紧急出口之前	R2 门区、后服务间、后洗手间、从紧急出口至最后一排		
	800 无头等舱	L1 门区、总体监控	L2 门区	R1 门区、前服务间、前洗手间、从第 1 排至紧急出口之前	R2 门区、后服务间、从紧急出口至最后一排	后洗手间	
	400	L1 门区、总体监控	L2 门区	R1 门区、前服务间、前洗手间、头等舱	R2 门区、后服务间、从第 3 排至紧急出口前	后洗手间、后服务间、从紧急出口至最后一排	
	800 有头等舱	L1 门区、总体监控	L2 门区	R1 门区、前服务间、前洗手间、头等舱	R2 门区、后服务间、后洗手间	从第 3 排至紧急出口前	从紧急出口至最后一排
检查客舱设备的区域	300/700	前服务间、L1 门区	后服务间、L2 门区	前服务间、前洗手间、从第 1 排至紧急出口之前	后服务间、后洗手间、从紧急出口至最后一排		
	800 无头等舱	前服务间、L1 门区	后服务间、L2 门区	前服务间、前洗手间、从第 1 排至紧急出口之前	后服务间、从紧急出口至最后一排	后洗手间	
	400	前服务间、L1 门区	后服务间、L2 门区	前服务间、前洗手间、头等舱	从第 3 排至紧急出口前	后洗手间、从紧急出口至最后一排	
	800 有头等舱	前服务间、L1 门区	后服务间、L2 门区	前服务间、前洗手间、头等舱	后洗手间	从第 3 排至紧急出口前	从紧急出口至最后一排
检查安全须知及安全演示用具	300/700			检查安全演示用具包	检查经济舱安全须知		
	800 无头等舱			检查安全演示用具包		检查经济舱安全须知	
	400			检查安全演示用具包、头等舱安全须知		检查经济舱安全须知	
	800 有头等舱			检查安全演示用具包、头等舱安全须知			检查经济舱安全须知

续表

程序	机型	PS1/HA	SS2/AT2	SS3/AT3	SS4/AT4	SS5/AT5	SS6/AT6
督促过站清洁卫生检查及航前、航后清舱区域，锁闭洗手间	300/700	前服务间检查，总体负责并签收	后服务间，锁闭后洗手间	前洗手间、从第1排至紧急出口之前，锁闭前洗手间	后洗手间、从紧急出口至最后一排		
	800 无头等舱	前服务间检查，总体负责并签收	后服务间，锁闭后洗手间	前洗手间、从第1排至紧急出口之前，锁闭前洗手间	从紧急出口至最后一排	后洗手间	
	400	前服务间检查，总体负责并签收	后服务间，锁闭后洗手间	前洗手间、头等舱，锁闭前洗手间	从第3排至紧急出口前	后洗手间、从紧急出口至最后一排	
	800 有头等舱	前服务间检查，总体负责并签收	后服务间，锁闭后洗手间	前洗手间、头等舱，锁闭前洗手间	后洗手间	从第3排至紧急出口前	从紧急出口至最后一排
机供品、餐食	300/700	总体核对、签收、回收	后服务间机供品、旅客餐食清点核对	前服务间机供品、机组餐食的清点	协助SS2，并传递机供品		
	800 无头等舱	总体核对、签收、回收	后服务间机供品、旅客餐食的清点核实、回收	前服务间机供品、机组餐食的清点	协助SS2	传递机供品	
	400	总体核对、签收、回收	后服务间机供品、旅客餐食的清点核实、回收	前服务间机供品、机组餐食、头等舱旅客餐食的清点	协助SS2	传递机供品	
	800 有头等舱	总体核对、签收、回收	后服务间机供品、旅客餐食的清点核实、回收	前服务间机供品、机组餐食、头等舱旅客餐食的清点	协助SS2		传递机供品
负责滑梯操作的门区	300/700	L1门区	L2门区	R1门区	R2门区		
	800 无头等舱	L1门区	L2门区	R1门区	R2门区		
	400	L1门区	L2门区	R1门区	R2门区		
	800 有头等舱	L1门区	L2门区	R1门区	R2门区		

续表

程序	机型	PS1/HA	SS2/AT2	SS3/AT3	SS4/AT4	SS5/AT5	SS6/AT6
安全演示站位	300/700			客舱第一排	紧急出口处		
	800无头等舱				客舱第一排	第一排紧急出口	
	400			客舱第一排	客舱第三排	第一排紧急出口	
	800有头等舱			客舱第一排		客舱第三排	紧急出口处
安全检查区域	300/700	前服务间、全舱复检	后服务间、全舱复检	前洗手间、从第1排至紧急出口之前	后洗手间、从紧急出口至最后一排		
	800无头等舱	前服务间、全舱复检	后服务间、全舱复检	前洗手间、从第1排至紧急出口之前	从紧急出口至最后一排	后洗手间	
	400	全舱复检	后服务间、全舱复检	前洗手间、前服务间、头等舱	从第3排至紧急出口前	后洗手间、从紧急出口至最后一排	
	800有头等舱	前服务间、全舱复检	全舱复检	前洗手间、头等舱	后服务间、后洗手间	从第3排至紧急出口前	从紧急出口至最后一排
餐饮服务区域	300/700	从第1排至紧急出口前	从紧急出口至最后一排	从第1排至紧急出口之前	从紧急出口至最后一排		
	800无头等舱	当使用两辆餐车时，进行总体监控；当使用三辆餐车时，服务第1排至第10排	当使用两辆餐车时，服务从紧急出口至最后一排；当使用三辆餐车时，服务第21排至最后一排	当使用两辆餐车时，服务第1排至紧急出口；当使用三辆餐车时，服务第1至第10排	当使用两辆餐车时，服务第1排至紧急出口；当使用三辆餐车时，服务第11排至第20排	当使用两辆餐车时，服务从紧急出口至最后一排；当使用三辆餐车时，服务第21排至最后一排	
	400	头等舱	从紧急出口至最后一排	头等舱服务协助、从第3排至紧急出口之前	从第3排至紧急出口之前	从紧急出口至最后一排	
	800有头等舱	头等舱	从紧急出口至最后一排	头等舱	从第3排至紧急出口之前	从第3排至紧急出口之前	从紧急出口至最后一排
紧急出口介绍	300/700				介绍、汇报、监控		
	800无头等舱				介绍、汇报、监控		
	400				介绍、汇报、监控		
	800有头等舱					介绍、汇报、监控	

续表

程序	机型	PS1/HA	SS2/AT2	SS3/AT3	SS4/AT4	SS5/AT5	SS6/AT6
特殊旅客服务	300、700			从第1排至紧急出口之前	从紧急出口至最后一排		
	800 无头等舱			从第1排至紧急出口之前		从紧急出口至最后一排	
	400			头等舱	从第3排至紧急出口之前	从紧急出口至最后一排	
	800 有头等舱			头等舱		从第3排至紧急出口之前	从紧急出口至最后一排
三卡发放	300/700				全舱发放		
	800 无头等舱					全舱发放	
	400			头等舱		经济舱	
	800 有头等舱			头等舱			经济舱
录像、音乐播放	300/700	音乐播放、总体监控					
	800 无头等舱	音乐播放、录像的总体监控	当录像机在后舱时，负责录像播放	当录像机在前舱时，负责录像播放			
	400	音乐播放、总体监控					
	800 有头等舱	音乐播放、录像的总体监控	当录像机在后舱时，负责监控录像播放	当录像机在后舱时，负责录像播放	当录像机在后舱时，负责录像播放		
空中洗手间打扫及卫生用品摆放、添加	300/700			前洗手间	后洗手间		
	800 无头等舱			前洗手间		后洗手间	
	400			前洗手间		后洗手间	
	800 有头等舱			前洗手间		L2门洗手间	R2门洗手间
毛毯、枕头	300/700				清点毛毯、枕头的数量		
	800 无头等舱				清点毛毯、枕头的数量		
	400				清点毛毯、枕头的数量		
	800 有头等舱					清点毛毯、枕头的数量	

在不同的航空公司中,乘务员号位分配原则及各号位乘务员的岗位职责会有所不同。

第二节　民航乘务员迎送旅客站位

在旅客登机和下机时,乘务员应站在指定位置迎送旅客。乘务员迎送旅客的站位如表 3-2、表 3-3、表 3-4、表 3-5 所示。各航空公司乘务员的站位会有所不同。

一、在对接廊桥时,乘务员迎送旅客站位

(一)迎接旅客登机站位(见表 3-2)

表 3-2　迎接旅客登机站位

号位	波音 737-300/700	波音 737-400	波音 737-800	波音 737-800 无头等舱
乘务长	L1 门区	L1 门区	L1 门区	L1 门区
2 号乘务员	倒数第 3 排 D 座	倒数第 3 排 D 座	对迎客状况进行监控	对迎客状况进行监控
3 号乘务员	第 5 排 D 座	第 2 排 D 座	第 2 排 D 座	第 5 排 D 座
4 号乘务员	站在紧急出口处	第 5 排 D 座	第 5 排 D 座	倒数第 3 排 D 座
5 号乘务员		站在紧急出口处	倒数第 3 排 D 座	站在紧急出口处
6 号乘务员			站在紧急出口处	

(二)送旅客下机站位(见表 3-3)

表 3-3　送旅客下机站位

号位	波音 737-300/700	波音 737-400	波音 737-800	波音 737-800 无头等舱
乘务长	L1 门区	L1 门区	L1 门区	L1 门区
2 号乘务员	最后一排 C 座,目送旅客下机,并拉好门帘	后服务间	后服务间	后服务间
3 号乘务员	廊桥上	廊桥上	廊桥上	廊桥上
4 号乘务员	最后一排 D 座,目送旅客下机,并拉好门帘	最后一排 D 座,目送旅客下机,并拉好门帘	后服务间	最后一排 D 座,目送旅客下机,并拉好门帘
5 号乘务员		最后一排 C 座,目送旅客下机,并拉好门帘	最后一排 C 座,目送旅客下机,并拉好门帘	最后一排 C 座,目送旅客下机,并拉好门帘

续表

号位	波音737-300/700	波音737-400	波音737-800	波音737-800无头等舱
6号乘务员			最后一排D座，目送旅客下机，并拉好门帘	

二、在对接客梯车时，乘务员迎送旅客站位

（一）前后舱迎接旅客登机（见表3-4）

表3-4　前后舱迎接旅客登机

号位	波音737-300/700	波音737-400	波音737-800	波音737-800无头等舱
乘务长	L1门区	L1门区	L1门区	L1门区
2号乘务员	L2门区	L2门区	L2门区	L2门区
3号乘务员	第5排D座	第2排D座	第2排D座	第5排D座
4号乘务员	紧急出口处	第5排D座	第5排D座	倒数第3排D座，面朝机尾方向
5号乘务员		紧急出口处	倒数第3排D座，面朝机尾方向	紧急出口处
6号乘务员			紧急出口处	

（二）前后舱送旅客下机（见表3-5）

表3-5　前后舱送旅客下机

号位	波音737-300/700	波音737-400	波音737-800	波音737-800无头等舱
乘务长	L1门区	L1门区	L1门区	L1门区
2号乘务员	L2门区	L2门区	L2门区	L2门区
3号乘务员	前客梯车上	前客梯车上	前客梯车上	前客梯车上
4号乘务员	后客梯车上	后客梯车上	L2门区	后客梯车上
5号乘务员		后客梯车上	后客梯车上	后客梯车上
6号乘务员			后客梯车上	

第三节　旅客管理

飞行对旅客而言有时未必是轻松的，优秀的乘务员应该有能力让旅客享受旅行。乘

务员在客舱工作时，必须体现出专业的素养、熟练的技能和良好的态度。在飞机起飞前、飞行中和降落后，乘务员通过细心观察旅客，选择最恰当的方式，在合适的时间为旅客提供服务和帮助，能够提升旅客的旅行体验，从而赢得旅客的信任和支持，为旅客营造一次难忘的旅行。

一、营造旅客服务环境

在准备阶段，乘务员可以通过航空公司旅客信息系统了解到旅客人数、高端旅客信息和特殊旅客信息，包括特殊餐食、宠物运输、特殊座位、无人陪伴儿童等。在航班截载后，地面工作人员会打印搭乘本次航班的高端旅客和特殊旅客的信息表并交给乘务员，以便乘务员提前了解这些旅客的座位和特殊需求。在旅客登机的过程中，乘务员通过观察、倾听或与旅客互动的方式，了解其需求，并及时提供帮助和服务。与有特殊需求的旅客互动的技巧包括以下几种。

（1）了解特殊服务内容。

（2）与旅客眼神交流并保持微笑，这种非语言的行为表达了乘务员对其关注并能迅速获得旅客信任。

（3）与旅客确认特殊需求。

（4）处理旅客的需求。

（5）询问旅客的反馈，了解所提供的特殊服务是否满足了旅客需求。

表3-6列出了几种乘务员与有特殊需求的旅客的互动。

表 3-6　乘务员与有特殊需求的旅客的互动

特殊需求	与旅客互动
特殊餐食	"××先生/女士，您的素餐会在饮料服务结束后很快送来"
宠物狗运输	"××先生/女士，按照您的要求，您的爱犬已经被装上飞机，工作人员为它准备了食物和水"
要求旁边座位不安排其他旅客	"××先生/女士，我已经与地面工作人员确认，按照您的要求留出了您旁边的座位"
无人陪伴儿童	"小明，你好！我叫××，很高兴带你去拜访你的奶奶，你以前坐过飞机吗"

乘务员在工作中也要关注那些没有提出特殊需求的旅客。这些旅客可能从不提需求，乘务员需要仔细观察，让旅客感受到乘务员的关注，与其建立信任关系，共同度过一段愉快的旅程。与没有特殊需求的旅客互动的技巧包括以下几种。

（1）观察并倾听：旅客的肢体语言、对乘务员或其他人所说的话、面部表情等。

（2）与旅客眼神交流并保持微笑，这种非语言的行为能迅速获得旅客信任并表达乘务员对其的关注。

（3）确定如何帮助旅客。

（4）提供帮助。

（5）询问反馈意见：希望旅客旅途愉快。

表 3-7 列出了几种乘务员与无特殊需求的旅客的互动。

表 3-7　乘务员与无特殊需求的旅客的互动

观察	与旅客互动
旅客表现出不安，或者在哭泣	提供纸巾和一杯水
一位年长的旅客很吃力地安放行李	询问旅客是否需要协助其安放行李
听到旅客说第一次坐飞机	向旅客介绍自己，询问其是否有问题，并向其介绍客舱环境和设备
一位年轻女士带着孩子和行李登机	询问其座位号，引导就座并协助其安放行李

不论旅客是否提出需求，乘务员都应该仔细观察，在适当的时候主动为需要帮助的旅客提供服务，从而提升旅客的旅行体验。

二、提供安全和服务

安全是民航的生命线。乘务员必须遵守和执行各种规定和程序，以保证飞行安全。乘务员在使用温和、平静的语调与旅客交流时，应始终与旅客保持眼神的交流。谦恭的举止会鼓励旅客遵守安全规定和程序，只有在发生紧急情况时，乘务员才可以用直接和命令的语气。下面列举了以服务为目的的沟通方式（见表 3-8）。

表 3-8　以服务为目的的沟通方式

注重服务态度的沟通方式	应避免的语言
您愿意……吗？ 最好…… 祝您旅途愉快！ 我可否带您…… 我们还可以帮您检查行李…… 我理解您的担心……	您必须…… 您应当…… 您需要…… 这不符合规定…… 坐下…… 您应该这样做…… 规则不是我定的…… 您必须为它找个地方…… 我不能……

当旅客不遵守安全规定和规则时，乘务员可以使用以下方式与旅客交流。

（1）与旅客的眼神接触，微笑并保持镇静。

（2）重复旅客提出的反对意见。

（3）使用注重服务态度的语言解释遵守安全规定和程序的必要性。

（4）感谢旅客的理解和支持。

表 3-9 列举了乘务员与旅客交流的几种方式。

表 3-9 乘务员与旅客交流的方式

客舱情景	正确说法	错误说法
托运行李	"我知道这对您不太方便,不过我们可以在舱门口为您办理托运手续。我保证您的行李会随您同机到达目的地,您下了飞机就可以提取到行李"	"这不是我的问题。飞机上没地方放行李了。每个旅客都带这么多行李,我管不了,您必须托运"
关闭手机	"××先生/女士,我知道您在接听非常重要的电话,不过您最好尽快关机,因为飞机马上就要起飞了"	"您违反了规定,必须马上关机"
系好安全带	"××先生/女士,您可能没注意到系好安全带信号灯已经亮了,我们还有几分钟才能穿过气流,为了您的安全,请您系好安全带"	"我们都广播好几遍了,您必须系好安全带"
在客舱内走动	"您能在座位上等几分钟吗?我们把餐车从过道上推走,这样您就有足够的空间站起来走动了"	"请坐下"

【项目实训】

(1) 分成小组进行各机型的迎客站位演示。

(2) 分成小组进行各机型的送客站位演示。

【自我检测】

(1) 找出各个机型乘务员职责的相同点与不同点。

(2) 简述如何营造良好的客舱氛围。

(3) 回答以下问题。

① _____ 负责填写客舱记录本。

A. PS1　　　　　B. SS2　　　　　C. SS3　　　　　D. SS4

② 波音 737-700 飞机,SS3 与 PS1 配合完成_____的旅客服务工作。

A. 第 1 排至第 8 排　　　　　B. 第 1 排至第 10 排

C. 第 1 排至紧急出口之前　　D. 第 1 排至第 15 排

③ SS4 负责_____门滑梯的预位与解除。

A. L1　　　　　B. L2　　　　　C. R1　　　　　D. R2

④ 波音 737-300 飞机,SS4 进行安全演示应站在_____。

A. 第 1 排　　　B. 第 3 排　　　C. 紧急出口处　　D. 无所谓

⑤ 波音 737-400 飞机,_____协助 SS2 清点餐食。

A. PS1　　　　　B. SS3　　　　　C. SS4　　　　　D. SS5

⑥ 波音 737-400 飞机,_____在空中负责后洗手间卫生的清理。

A. SS2　　　　　B. SS3　　　　　C. SS4　　　　　D. SS5

⑦ 波音 737-400 飞机，SS5 与_____配合完成从紧急出口至最后一排的餐饮服务工作。

　　A. PS1　　　　　B. SS3　　　　　C. SS2　　　　　D. SS4

⑧ 波音 737-400 飞机，_____负责整理报纸。

　　A. SS5　　　　　B. SS4　　　　　C. SS3　　　　　D. SS2

⑨ 波音 737-300 飞机，SS4 负责_____的安全检查和清查客舱。

　　A. 第 1 排至紧急出口　　　　　　B. 从紧急出口至最后一排
　　C. 第 14 排至最后一排　　　　　　D. 第 1 排至第 11 排

⑩ 波音 737-300 飞机，_____负责后洗手间清洁卫生的检查及卫生用品的摆放。

　　A. PS1　　　　　B. SS2　　　　　C. SS3　　　　　D. SS4

⑪ _____为后舱的负责人。

　　A. SS2　　　　　B. SS3　　　　　C. SS4　　　　　D. SS5

⑫ 波音 737-800（有头等舱）飞机，_____协助 SS4 完成从第 3 排至紧急出口之前的旅客服务工作。

　　A. SS3　　　　　B. SS2　　　　　C. SS5　　　　　D. SS6

⑬ SS6 进行安全演示应站在_____。

　　A. 第 1 排　　　B. 第 3 排　　　C. 紧急出口处　　　D. 无所谓

⑭ 波音 737-800 飞机，_____在过站时负责督促并检查从紧急出口至最后一排的客舱打扫卫生情况。

　　A. SS3　　　　　B. SS4　　　　　C. SS5　　　　　D. SS6

⑮ 波音 737-800（有头等舱）飞机，航前由_____负责检查紧急出口的安全情况。

　　A. SS3　　　　　B. SS4　　　　　C. SS5　　　　　D. SS6

第四章　客舱服务程序

知识目标

(1) 熟悉客舱服务程序。
(2) 熟悉客舱服务标准。
(3) 熟悉飞行四个阶段的核心工作。

能力目标

(1) 掌握客舱服务标准。
(2) 掌握客舱服务基本技巧。

第一节　客舱服务技能

一、客舱服务基础技能

（一）毛毯服务

1. 清点

(1) 波音737飞机配备的毛毯数量为30条，均已清洗并消毒，包装在塑料袋内装上飞机。在一般情况下，配发人员会按前、中、后舱平均分布将毛毯摆放在行李架内。

(2) 要求。乘务员仔细清点毛毯数量并向后舱负责人报告。在清点毛毯时不可将包装拆开，在为旅客提供时，当面为旅客拆封。

2. 叠法

(1) 先将毛毯对折，拿住没有毛边一侧再对折，然后再对折，最后再由上至下对折即可。

(2) 要求。乘务员在叠毛毯时，需检查毛毯是否干净、无污渍。为旅客提供的毛毯必须折叠整齐、美观。在将毛毯叠好后，统一毛边向里放在行李架内以便清点。

3. 盖法

（1）在为旅客提供毛毯时，手臂呈 90°角，将毛毯搭在一侧小臂上，另一只手自然抓住毛毯下部。在盖毛毯时，在通道处将毛毯打开，顺着旅客的腿部由下至上盖到旅客的腹部。

（2）要求。乘务员在客舱提供毛毯服务时，一次最多只能拿五条。不能在旅客座椅前方打开毛毯，在将毛毯盖到旅客腹部后，由旅客自行调整。在为非靠通道座位上的旅客盖毛毯时，应考虑到对外侧旅客的打扰，提前做好解释工作。

（二）报纸服务

1. 整理经济舱报纸

（1）经济舱报纸由航空食品工作人员统一装上飞机，放置于经济舱最后一排座椅上。乘务员应先检查报纸日期，避免发放过期报纸。如果执行上午 11：00 前起飞的航班，需检查是否有双份现象，由于时间关系，航空食品工作人员无法完成分报纸程序，乘务员在清点和整理报纸时注意将多余报纸取出。在 11：00 以后起飞的航班上，航空食品工作人员会提前进行分报。乘务员还需要确认有无英文报及其日期。

（2）经济舱报纸通常存放在空餐车上/行李架上/储物柜内。

2. 发放种类

（1）中、长航线发放两种中文报、一种英文报。

（2）短航线发放一种中文报、一种英文报。

注：发放种类以机上实际配备为准。

3. 发放要求

禁止将报纸存放在最后一排旅客座椅下或散放在客舱内。在将报纸放在行李架上时，应放在易拿取的位置，以便为有需要的旅客单独提供。

4. 经济舱报纸发放方法

（1）摆车发放：将报纸整齐摆放在平板车上置于廊桥处，或将报纸放于前舱录像服务吧台上，旅客在登机时自由拿取，乘务员可给予协助和提示，见图 4-1。

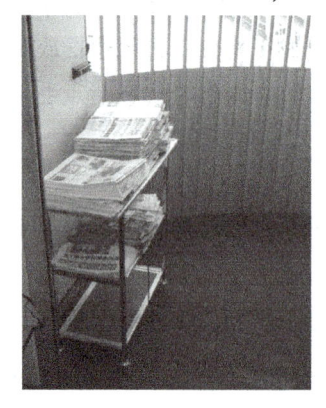

图 4-1 经济舱报纸发放

（2）手发报纸：如果航班延误或即将延误，为不影响登机速度，乘务长可根据实际情况取消地面发放报纸，改为乘务员手发报纸。乘务员将报纸平整地放于手臂上，上臂和前臂呈直线或者呈90°角（不同航空公司要求不同），报头面向旅客，最下面放两份英文报做备份，在客舱发放。

5. 要求

（1）乘务员在走出客舱后要有停顿，以便让旅客有反应的过程。

（2）在发放报纸时不可出现哑巴服务，要用语言提示旅客，例如："请问，《参考消息》有哪位旅客需要阅读？"如果有旅客需要，乘务员应直接递到旅客手中，并用语言提示："请您阅读。"

（3）在提供报纸时每位旅客都要询问，与旅客要有眼神的交流。在报纸不够的情况下向旅客做好解释，并请旅客将报纸传阅。当飞机即将起飞，有旅客向乘务员提出需要阅读报纸时，乘务员可在起飞后第一时间提供给旅客，但要向旅客做好解释工作。

（4）注意观察旅客的国籍，及时提供外文报纸。

（5）为了防止报纸的墨迹弄脏衣服，应在报纸下面垫上一张纸或大托盘。

（6）在每次整理报纸或发放报纸后，都应该洗手或者用湿毛巾擦手。

（7）乘务员应在后舱预留部分报纸，以备在飞行过程中及时满足旅客提出的需求，或为后续头等舱服务做准备。

6. 整套报纸的叠法

每个种类的中文报纸各一张叠放在一起为一套报纸。每套报纸的整理方法：一张报纸在外，其余的报纸毛边向里，插在外面的报纸内。报纸叠放的顺序为行业级—省级—市级—地方级—其他。

（三）毛巾服务

1. 弄湿毛巾的方法

将一打毛巾放入装有温水的毛巾桶里，让水将毛巾充分浸湿（为了使毛巾湿透，可以将毛巾从中间打开，让中间的毛巾也充分浸湿），再将多余的水分拧掉。毛巾应湿度适中，尽量不要旋转拧干毛巾，防止毛巾变形。根据实际使用数量打湿毛巾，不要一次全部都弄湿。

2. 毛巾的叠法

将湿过的毛巾放平整，进行三次对折，摆放整齐即可（见图4-2）。

图4-2 叠好的毛巾

（四）端、拿、递送服务技巧

（1）端：双手端住托盘后1/3处，上臂与前臂呈90°角。

(2) 拿：在拿水杯、瓶装饮料时，要拿水杯、瓶装饮料的下 1/3 处。

(3) 递送：乘务员在为 R 侧（面对机头方向）旅客服务时用左手，在为 L 侧旅客服务时用右手，在为旅客递送餐盘时用双手递送。

（五）大/小托盘的使用方法（见图 4-3）

(1) 当手拿盛放物品的大托盘在客舱内转身时，一手握住托盘边缘，一手向身后推，同时转身，再用双手握住托盘后 1/3 处，将托盘上的物品放于靠近身边一侧。

图 4-3 托盘

(2) 当手拿盛放物品的小托盘在客舱内转身时，手握托盘后 1/3 处直接转身。

二、饮料服务技能

飞机上的饮料可分为咖啡、茶水、果汁、碳酸饮料、矿泉水等。对于不同航线或不同航空公司，饮料种类会不同。

（一）咖啡

普通航线一般提供三合一咖啡。

1. 检查方法

飞机上为旅客提供的是速溶咖啡。乘务员在检查咖啡质量时，检查咖啡包装袋上的生产日期和保质期，不能使用过期的咖啡。此外，观察咖啡是否结块、是否变色，避免使用变质的咖啡。

2. 冲泡方法

(1) 一袋三合一咖啡粉可冲泡一壶咖啡，在冲泡前先用少量开水将咖啡完全溶解，然后注入约 2/3 壶热水，最后再兑入 1/3 壶矿泉水。

(2) 为保证咖啡的口感和香味，应在使用时冲调咖啡。由于存在气温差异、热水器加热程度以及矿泉水水温不同等因素，乘务员可根据实际情况对加入矿泉水的水量进行微调，出于安全考虑，加入的矿泉水总量不得少于 350 毫升。

3. 服务方法

(1) 左手端纸杯，右手握住咖啡壶的把手。

（2）R 侧旅客用左手递送，L 侧旅客用右手递送。

（3）咖啡不宜加得过满，防止洒在旅客身上。

（4）咖啡壶口应始终对着客舱通道。

（二）茶水

普通航线头等舱一般提供绿茶、红茶、普洱茶，经济舱提供茉莉花茶。

1. 检查方法

检查茶叶主要看其生产日期和保质期，确认没有过期。

2. 冲泡与添加

（1）将三袋茶叶放入壶中，加入约 2/3 壶热水，然后再兑入 1/3 壶矿泉水，三袋茶叶可以冲泡两壶茶水。

（2）由于存在气温差异，热水器加热程度以及矿泉水水温不同等因素，乘务员可根据实际情况对加入矿泉水的水量进行微调，但出于安全考虑，加入的矿泉水总量不得少于 350 毫升。热饮要热，以不烫伤旅客为原则。

3. 茶水服务方法

（1）左手端纸杯，右手握住茶壶的把手。

（2）R 侧旅客用左手递送，L 侧旅客用右手递送。

（3）茶水不宜加得过满，防止洒在旅客身上。

（4）茶水壶口应始终对着客舱通道。

（三）果汁

1. 飞机上常配备的果汁种类

1）橙汁

橙汁口味偏酸，滋润健胃。橙汁是飞机上用量最大的果汁，成人及孩子均爱喝。乘务员在服务时，主动询问旅客是否要加冰。

2）椰子汁

椰子汁具有滋润肌肤的作用。

3）芒果汁

芒果汁营养丰富，具有滋润肌肤、清肠胃的功效。

4）菠萝汁

菠萝汁口味偏甜，具有帮助消化的作用。飞机上用量不大。加冰饮用味道更好。

2. 注意事项

（1）果汁在开筒前要摇晃，并擦拭干净果汁筒的顶部。

（2）已开筒的果汁，留存时间不宜过长。

（3）在厨房提前揭开饮料锡纸层。

（4）乘务员在为旅客递送饮料前，应主动询问旅客是否需要加冰。

（四）碳酸饮料

1. 碳酸饮料的种类

碳酸饮料主要有可口可乐、百事可乐、七喜、雪碧等。

2. 注意的事项

（1）打开前不要摇晃。

（2）借助小毛巾打开，以防气泡外溢。

（3）在倒时杯子倾斜45°。

（4）不要过早打开，以免失去原味。

（5）不主动向婴幼儿、神经衰弱的旅客提供碳酸饮料。

（五）其他饮料

（1）王老吉。中国著名凉茶。由多种中药配制而成，口感偏甜，具有清热降火的功效。从广州始发的航班上一般都会配备，深受广东旅客的喜爱。

（2）苦丁茶。口感偏苦，飞机上用量不大。

（3）冰红茶。由红茶和柠檬调配而成。红茶品性温和，味道醇厚，除含多种水溶性维生素外，还富含微量元素钾。

（4）酸梅汤。从营养成分上来说，酸梅汤中的有机酸含量非常丰富，如柠檬酸、苹果酸等。

（六）摆放水车

1. 短航线水车摆放

1）飞行时间≤60分钟的航线

（1）提供小瓶矿泉水。

（2）摆放方法（见图4-4）。将两个透明塑料抽屉摆放在餐车上，将小瓶矿泉水放在塑料抽屉内为旅客发放。背对旅客一侧的乘务员把餐车的抽屉拉出，将果仁盒放在上面，面对旅客一侧的乘务员应将大托盘插在餐车里，上面摆放果仁盒，将车门打开以便发放。

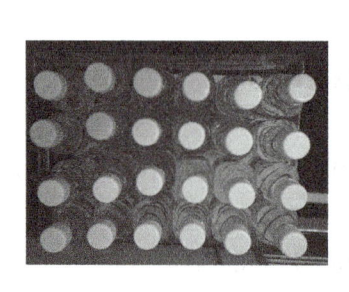

图4-4　飞行时间≤60分钟的航线的水车摆放方法

2) 60 分钟<飞行时间≤90 分钟的航线

（1）提供茶水、咖啡、矿泉水、雪碧、可乐。

（2）摆放方法（见图 4-5）。将矿泉水和水杯摆在饮料架内，将水杯摆在左手边。将一壶咖啡和茶水摆放于餐车一侧，将另一壶咖啡和茶水摆放于餐车另一侧。

图 4-5　60 分钟<飞行时间≤90 分钟的航线的水车摆放方法

2. 中长航线水车摆放（见图 4-6、图 4-7）

（1）提供：果汁（橙汁、椰子汁、芒果汁、菠萝汁、桃汁），碳酸饮料（可乐、雪碧、七喜），冰红茶，酸梅汤，矿泉水，咖啡，茶水。

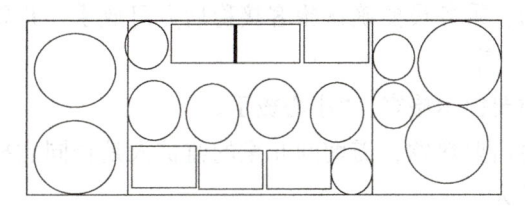

图 4-6　中长航线水车摆放示意图

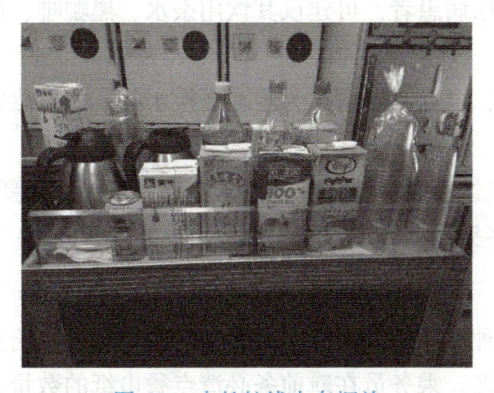

图 4-7　中长航线水车摆放

(2) 摆放方法如下。

① 在水车上竖着摆放一个或两个（不同航空公司标准不同）透明塑料抽屉，铺上防滑纸或小毛巾。

② 饮料的摆放应遵循从中部向两边逐渐降低的原则摆放。

③ 将一瓶雪碧、一瓶可乐和两大瓶矿泉水摆放在透明塑料抽屉中间，两侧摆放果汁，两侧的果汁品种尽量对称，标签、品名面向旅客，罐装饮料不可叠放。

④ 将一壶咖啡和一壶茶水放于餐车一侧，另一壶咖啡和一个冰桶放于餐车另一侧，壶嘴与餐车方向平行。

⑤ 杯子摆放高度不能超过大罐饮料的高度。

⑥ 湿纸巾和果仁盒摆在大托盘上，并放在饮料车里。

⑦ 冰桶放在餐车内。

⑧ 车内放一盒纸巾，以方便旅客使用。

（七）饮料的提供方法

（1）所有饮料应倒至水杯七成满。当遇到飞机轻度颠簸时，冷饮倒至水杯五成满，暂不提供热饮。

（2）乘务员在为旅客提供饮料时，要介绍饮料品种，保证饮料标签完整并使之面对旅客，瓶与瓶之间要稍有空隙，每种饮料各摆放一些，不同饮料错开摆放，以便取用。

（3）在提供冷饮时，乘务员主动询问旅客是否加冰块。如果旅客需要，则先在杯中加冰块再倒饮料。

（4）在提供饮料时，乘务员要确认旅客接稳后方可放手，并要有语言提示，例如，"请您慢用，请您拿好"等。

（5）在提供热饮时要提示旅客："小心烫手。"

（6）如果儿童旅客需要热饮，需询问儿童的监护人是否同意提供。如果可以提供，则需将热饮递给其监护人。

（7）在餐车上准备部分吸管，及时为需要的旅客提供。

（8）如果旅客为糖尿病患者，可建议其饮用茶水、黑咖啡、矿泉水、热水等不含糖或低糖的饮料。

（9）在添加饮料时，根据实际情况为旅客更换水杯。如果旅客没有更换要求，则无须为旅客更换。

（10）在用托盘递送饮料时，应将杯子摆放整齐，杯子之间要留有一定的空隙。

（11）不可以从旅客头顶上方递送饮料。

（八）餐巾纸服务

一般飞机上配备两种尺寸的餐巾纸，大尺寸的餐巾纸提供给头等舱旅客，小尺寸的餐巾纸提供给经济舱旅客。乘务员在航前务必清点餐巾纸的数量，在使用前打开塑料包装，在为旅客提供时确保餐巾纸上的航徽正面朝向旅客。在使用时需要注意以下事项。

（1）保证为旅客提供的餐巾纸整洁，不能给旅客提供有污渍或湿的餐巾纸。
（2）乘务员可以在围裙兜内准备几张餐巾纸，随时为旅客提供。
（3）为了节约环保，优先使用干净的、已拆封的餐巾纸，不要提前将全部餐巾纸都打开。

三、餐食服务

根据不同的用餐时间，飞机上的餐食分为早餐、正餐。正餐一般是指午餐和晚餐。根据所包含的内容不同，餐食又可分为快餐、点心餐（果点）、热便餐、热食餐等。

正餐：普通舱的正餐由一个点心盒和一份热食组成。

点心餐（果点）：纸装餐盒，内含水果、面包、饮用水、冷荤。1/2 点心盒内含面包和水果。

快餐：类似汉堡包、三明治、饼干等。

热便餐：热食（米饭、面条）加 1/2 点心盒。

热食餐：锡纸盒热食加刀叉包。

（一）餐车的摆放

1. 点心餐

点心餐分为横插、竖插两种方式，一辆餐车可插 75 份点心餐。（见图 4-8）

2. 正餐

正餐餐盒摆放分为餐盒和热食盒均放在餐车内和餐盒放在餐车内、热食盒放在餐车上两种方式。

第一种摆放方式：餐盒和热食盒均放在餐车内，餐盒从下往上平置 12 层，每层 5 份，共 60 份。每个托盘每层平放热食 5 份，共 6 层，每层放 2 个托盘，共 60 份。托盘可先纵向摆放 2 份面条等数量较少的餐食品种，再横向摆放 3 份米饭，呈"丁"字形（见图 4-9、图 4-10）。

图 4-8 点心餐餐车摆放示意图

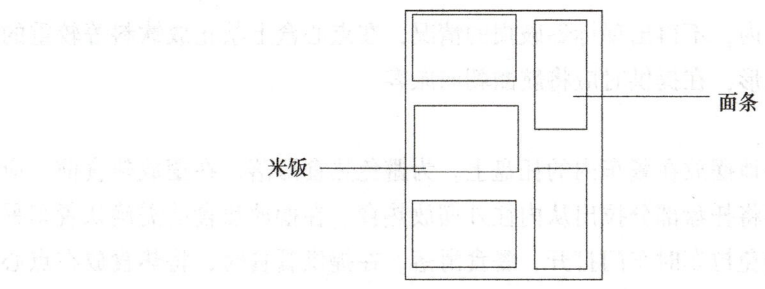

图 4-9 托盘餐食摆放示意图

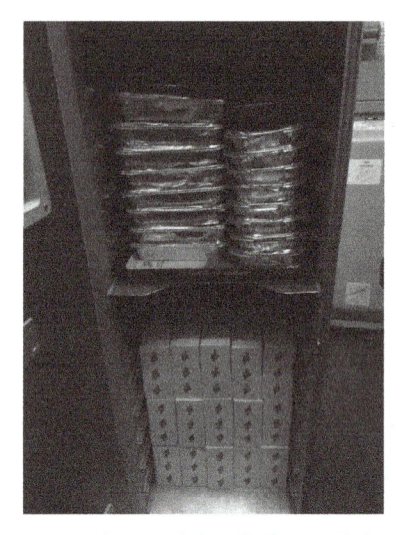

图 4-10　餐盒和热食盒餐车的摆放方法

第二种摆放方式：餐盒横置于餐车内，一辆餐车可摆放 75 份。热食盒摆放在餐车上，每层平放热食盒 12 份，共 3 层，共 36 份。每层可先纵向摆放 5 份面条等数量较少的餐食品种，再横向摆放 7 份米饭，呈"丁"字形。（见图 4-11）

图 4-11　餐食摆放示意图

（二）餐食的提供方法

1. 点心餐服务

将餐盒整齐放于车内，不得出现标签破损的情况，在点心盒上禁止放饮料等较重的物品，以免造成餐盒变形，在提供时应将航徽朝向旅客。

2. 正餐服务

将热食整齐、稳妥地摆放在餐车内的托盘上。为避免热食滑落，在摆放热食前，应先将托盘放入餐车，再将托盘部分拉出从内往外摆放热食。在摆放热食前需确认餐车另一侧车门是否扣好，避免拉车时车门打开，餐食滑落。在提供餐食时，将热食放在点心盒上一同递送给旅客，确定旅客拿稳妥了再放手。为防止热食滑落，可一只手拿点心盒，另一只手扶住热食递送。

（三）餐食提供时间及检查方法

1. 餐食提供时间

国内航班的餐食提供时间及标准如下。

（1）起飞时间为 06：30~08：30 的航班提供早餐。

（2）起飞时间为 11：30~13：30 的航班提供午餐。

（3）起飞时间为 17：30~19：30 的航班提供晚餐。

2. 餐食的检查方法

（1）乘务员应按照当日航班配餐要求做好餐食的清点、核对和检查工作，检查餐食数量、质量及有效日期（国内生产的食品均按照"年、月、日"格式和顺序标明生产日期或保质期限），保证餐具配套（在清点热食餐时要确保配备刀、叉、勺）。

（2）可采用抽查的方法，上、中、下各抽一盘，餐车两侧均须检查。在检查餐食质量时，做到手到、眼到、鼻到。

（四）餐食服务

（1）提供餐饮应遵循先 ABC 侧后 DEF 侧、先里后外的原则逐一发放，避免出现漏发、错发的现象。

（2）在提供餐食服务过程中，当乘务员（面向机头方向）提供餐饮时，L 侧旅客用右手提供，R 侧旅客用左手提供，同时要注意监控前舱，如果有旅客进入前舱，应及时提醒靠近前舱的乘务员注意。

（3）在提供餐食服务过程中，当乘务员（面向机尾方向）提供餐食时，L 侧旅客用左手提供，R 侧旅客用右手提供，同时要注意监控后舱，如果有旅客进入后舱，应及时提醒靠近后舱的乘务员注意。

（4）不能从旅客头顶上方递送餐食，当旁边旅客协助递送时需及时向旅客致谢。

（5）主动协助旅客放下旅客小桌板，再为旅客递送饮料和餐食。

（6）中后舱的乘务员做好交接，避免漏发。

（7）旅客预订的特殊餐食需在提供餐食服务前提供。

（8）委婉提醒前排旅客调直座椅靠背，以便后排旅客用餐。

（9）在为特殊旅客（老人、盲人等行动不便的旅客）提供餐食服务时，要征求旅客意见是否需要为其打开刀叉包。

（10）在提供正餐时，如果旅客当时不需要用餐，要确认旅客是否需要保留餐食。

（11）在为旅客冲泡方便面、奶粉时，需送上餐巾纸或湿纸巾。

（12）为休息的旅客粘贴休息卡，注意要粘贴在前排旅客座椅套上或前排壁板上，不允许将休息卡粘贴在标有客舱安全设备提示的标识上。在旅客醒来后，乘务员应及时提供餐饮服务，并确保热食的温度，同时揭下休息卡。

（13）如果有旅客在提供餐食服务时提出其他的需求，要尽可能及时满足。如果当时无法满足，为了避免遗忘，应该记录旅客的需求、座位号，并尽快满足其需求。

（14）在服务过程中需及时提醒旅客系好安全带，阻止儿童在过道里或座椅上玩耍。

（15）在餐饮同时发放时，在餐车内先放置托盘再摆餐食，面条放在容易拿取的地方。为避免乘务员用沾着油渍的手递送饮料，可用餐巾纸或湿纸巾包裹餐盒拿取，用湿毛巾将餐盒擦干净后再发放给旅客。

（16）在提供餐食服务过程中，如果遇到旅客要用洗手间，应及时让旅客通过，不能让旅客在通道处等待太长时间。

（五）收餐顺序及要求

1. 收餐顺序

遵循"先发放，先收取"的原则。

（1）第一辆餐车从经济舱第一排开始进行收餐。

（2）第二辆餐车从经济舱最后一排开始进行收餐。

2. 收餐要求

（1）在收餐时，餐盒不能从旅客头顶上方通过，禁止在餐车上挤压餐盒。在收取时，应在礼貌性地征得旅客同意后收取，动作迅速、谨慎。

（2）如果旅客主动递交，应表示感谢。对于还未用完餐饮的旅客，可让其慢慢享用，但必须记住及时收取。在用托盘收杯子时，应从托盘的里端向外摆放，杯子不能摆太高，空杯子以不超过 5 个为宜，以免颠簸时碰翻。注意不要把垃圾袋撑破，插放餐盒注意摆放技巧。

（3）收餐动作要迅速而不急躁，防止回收物品泼、洒、溅、漏。

（4）在收餐时，如果旅客有其他需求，乘务员需立即满足，如果不能立即满足，应跟旅客做好解释工作，记下座位号，尽快为旅客提供服务。

四、特殊餐食介绍

特殊餐食是为因健康原因需要特别照顾的旅客提供的。通常由旅客在购票时提出申请。

（一）特殊餐食种类

特殊餐食的种类有很多，比较常见的是婴儿餐（BBML）、儿童餐（CHML）、素餐（VGML）、糖尿病餐（DBML）和水果餐（FPML）等，详细的特殊餐食介绍见附录B。

（二）特殊餐食介绍

1. 儿童餐

这种餐食为 2 岁至 5 岁的儿童提供，通常是一些孩子喜爱的食品，如鲜果、巧克力、布丁等。

2. 糖尿病餐

糖尿病人不能吃糖及所有甜食，面条、米饭、面包等可以吃，但只限少量。

3. 溃疡餐

这种餐食适用于肠胃不适及患有肠胃溃疡的旅客，低纤维、低脂肪、清淡爽口，易于消化。

第二节　客舱服务——预先准备阶段

一、航前准备工作

（一）确认航班计划

乘务员排班办公室在固定的时间发布乘务员航班计划表，使乘务员能够确认自己的飞行任务。由于航班计划会受到各种因素影响，如运力、天气等，所以乘务员需在飞行前一天再次确认航班计划。

（二）飞行前一天准备

乘务员按照航空公司规定的时间登录公司网站，确认航班计划并进行网上准备。

（1）航班信息：航班日期、航班号、飞行距离、飞行时间、巡航高度、机场名称、机场距市区距离、机长姓名、飞经地标、起落时间、配餐标准、票价、旅客信息等。

（2）飞机信息：机型、飞机号、服务设备信息、应急设备信息、故障保留信息等。

（3）服务信息：乘务组名单、录像节目、配餐机场、机场代码、查询旅客信息系统、VIP信息、特殊旅客的服务要求、最新业务通告、工作提示、安全主题内容、近期检查内容等。

（4）网上答题：确保成绩合格。有些航空公司采用百分制，可反复答题，不限次数，分数达到100分为合格。有些航空公司会限制答题次数和分数，如不超过3次，分数要求达到80分以上。

（5）确认必须携带的证件和物品。

① 乘务员：飞行证件（客舱乘务员训练合格证、航空人员Ⅳa级体检合格证、中国民航空勤登机证）、飞行箱、《乘务员广播词》（有些航空公司仅要求乘务长和被提前指定为广播员的乘务员携带。有些航空公司的所有乘务员在初始培训时都已获得广播员资质，因此都要携带）、业务通告本、便签本、笔、休息卡、计数器、手表、制服、2条围裙（女）、备份丝袜（女）、备份隐形眼镜和一副框架眼镜（戴镜飞行者携带）、软底鞋（女）、号码牌、化妆品（女）、闹钟（过夜航班）、手电筒。

② 安全员：安全员除以上物品及证件外，还需携带安全员训练合格证、航空人员

IVb 级体检合格证、警具包、安全员执勤日志、相关单据（机组人员与公安机关案件移交单、非法干扰事件情况报告表、亲笔证言）。

（6）签到：有些航空公司要求乘务员在规定时间内向带班乘务长签到（短信或电话形式），内容包括姓名、飞行时间、级别、具备资格、执行航班号、飞机型号、航班起飞时间、航前准备会时间、是否具备广播资格、确认着装标准及乘务长有无其他要求等。有些航空公司由乘务长通过航空公司短信平台向乘务组员发通知。

（7）乘务员在执行航班任务前一天晚上不能参加狂欢性娱乐活动，在飞行前 12 小时不能饮酒，必须保证 8 小时的睡眠时间。

（8）随身行李携带要求如下。

① 执行国内航线或短程国际航线携带制式飞行箱一个。

② 过夜航班根据需要携带一个制式衣袋，但制式衣袋不得单独携带。

③ 女乘务员携带一个制式皮包。

④ 若额外携带电脑包，限用黑色。

⑤ 除上述要求外，其他行李不得带上飞机。

（9）随身行李放置：乘务员不能将随身行李放置在旅客座位上，以及紧急出口、厨房空置处等位置。在到站后，乘务员必须等所有旅客离机后再整理个人行李，严禁替他人携带信件及行李。

二、航前签到

乘务员在飞行当天提前做好航前准备，其专业化形象必须符合公司要求，并按公司要求的签到时间准时进行签到，参加航前准备会，乘务长汇报乘务组人员到位情况。

航前签到时间通常在飞机起飞前两小时左右，这两小时左右的时间是航前准备会时间、机组协同时间、准备会地点距机场车程时间、机上直接准备时间的总和。签到及酒精测试仪如图 4-12 所示。

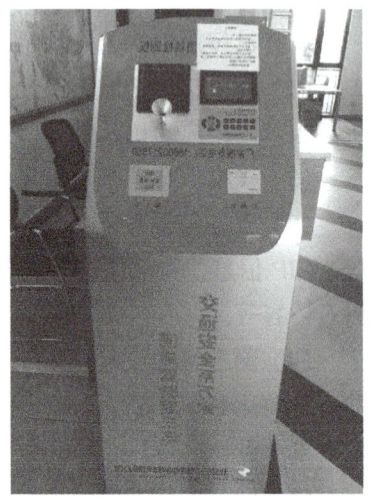

图 4-12　签到及酒精测试仪

三、航前准备会

国内航班的航前准备会时间一般为 25 分钟。原则上所有航班都必须按规定召开航前准备会。下列两种情况可以不召开航前准备会：不更换乘务组成员和飞机，且过站时间≤4 小时；无固定场地召开航前准备会。

（一）会前准备工作

（1）确认飞行任务、乘务长、乘务组人员、航班号。

（2）提前准备好需要携带的物品，如证件、围裙、备份隐形眼镜和一副框架眼镜（戴镜飞行乘务员）、手电筒和备份电池等，关闭手机电源。

（二）航前准备会程序

1. 前期准备（2分钟）

（1）乘务长检查乘务组组员到位情况，第一时间将未到人员通知乘务值班人员。

（2）检查证件：中国民航空勤登机证、客舱乘务员训练合格证、体检合格证、安全员训练合格证等。

（3）检查安全员在航前是否携带警具包及安全员执勤日志。

（4）检查组员专业化形象、飞行携带资料及物品。

（5）检查途径：乘务长检查前舱乘务员、安全员、区域乘务长；区域乘务长检查后舱乘务员。

2. 责任分工（乘务长根据组员实力进行责任分工，2分钟）

（1）安排乘务员号位。

（2）指定为特殊旅客/VIP旅客服务的人员。

（3）指定介绍紧急出口的人员。

（4）指定播放录像的人员。

（5）指定负责打扫洗手间的人员。

3. 业务知识抽查（乘务长以抽查方式提问组员的航班准备情况，4分钟）

（1）航线知识：必须掌握的航线资料、配餐情况等业务知识，飞经的国家、城市等地理知识。

（2）旅客信息：包括旅客人数及构成、VIP旅客、特殊旅客等信息。

（3）应急设备存放位置、检查及使用方法、注意事项。

（4）特殊情况处置程序。

（5）业务标准：着重提问近期要求检查的内容和最新的业务通告、工作提示、服务及安全主题、特殊的飞机服务设备信息等。

4. 乘务长讲解航班保障要求（10分钟）

1）安全方面

（1）根据机型、航线特点、季节特点等对颠簸、大件行李、特殊旅客等方面提出要求。

（2）对紧急出口及舱门/滑梯的责任人进行重点提醒。

（3）机上突发事件处理技巧及安全预警。

2）服务方面

（1）根据机型、航线特点提出航班服务保障的要求。

（2）对服务态度、语言、微笑、专业化形象提出要求。

3）不正常航班处置预案

5. 区域乘务长对服务和安全方面进行补充提示（2分钟）

区域乘务长对乘务长未提及的问题进行补充说明，对后舱工作进行分工并提出具体要求。

6. 安全教育（3分钟）

安全员对反劫机、爆炸物处置预案等空防安全知识进行讲解。

7. 乘务长带领组员复习应急撤离程序并明确相关职责及分工（2分钟）

乘务长带领组员复习应急撤离程序，并明确各号位乘务员在紧急情况下的工作职责及分工。

在航前准备会结束后，乘务长、专（兼）职安全员参加机组协同，协同内容包括以下几个方面。

1. 确认任务书

任务书包括飞机号、机长姓名、乘务组名单、加机组名单、其他随机工作人员、航路天气、询问机组是否进行广播等。

2. 驾驶舱与客舱的联络方式

（1）在正常情况下，进出驾驶舱或与驾驶舱通话的联络方式。

（2）在非正常情况下（如劫机、发现爆炸物）的联络方式。

（3）在飞机起飞及着陆时是否需要乘务组回复"客舱准备完毕"。

（4）明确颠簸时的信号。

（5）其他协同内容。

① 空防预案。

② 紧急情况下的应急处置。

③ 如何保证服务质量和特殊旅客的服务。

④ 乘务组需向机组了解当日执行航班的航路天气状况。

⑤ 在执行高原飞行的航班时，乘务长必须协调并明确飞行高度下降至10000英尺（约3000米）时所给出的信号。

四、进场及登机

乘务长作为乘务组进场时的监控人，对整个乘务组在进场时的秩序和专业化形象负有监督管理责任。乘务组在进出机场期间，需要按规定着装且保证服装统一。乘务员需要在乘务长的带领下排队上飞机，男乘务员和安全员排在最后。

第三节　客舱服务——直接准备阶段

在登机后，乘务员首先应放置个人物品。机组成员和加机组人员的手提行李、工作箱、飞行箱应有序放置在可固定专用储物柜、空餐车、衣帽间或行李架内。一个行李架只允许放置一件机组行李，机组行李不能放置在头等舱行李架内，也不能占用整排行李架，空的餐车位等没有固定装置的地方不能放置机组行李。

一、航前检查及准备工作

1. 设备检查

（1）检查紧急设备是否在待用状态、前后舱是否各有一本《客舱乘务员手册》，各号位乘务员认真检查客舱各部位的紧急设备。

（2）检查客舱设备：检查娱乐系统及旅客控制组件，测试音频效果，测试客舱照明系统、阅读灯、呼唤铃、视/音频调节组件的状态，检查录像节目是否齐全。检查旅客座椅的靠背是否可以正常调节，检查旅客小桌板、脚踏板设施，示范设施的使用方法。

（3）检查厨房设备：检查厨房控制面板、烤箱、烧水杯、热水器、餐车位固定装置、餐车刹车装置、储物格、垃圾箱盖板、下水槽。

（4）检查洗手间设备：检查洗手间卫生用品（包括擦手纸、卷纸、香水、洗手液、马桶垫纸、女性用品、清洁袋、马桶药、固体空气清新剂等）是否齐全，检查马桶抽水系统、垃圾箱及马桶盖板、烟灰盒开关、客舱卫生情况并报告乘务长。

（5）乘务长检查客舱记录本是否有故障保留项目。

2. 上机后清查

乘务组上机后必须清查服务间内的所有储物柜/格、餐车位、应急设备的存放处和任何可能放置外来物品的地方。

3. 证照检查

发现外来人员，从前舱或后舱登机的乘务员应查验其证件。各舱位负责人应指定专人负责对外来人员进行检查，专职安全员在完成飞机整体检查后，流动执行客舱外来人员查验程序。各舱位负责人若发现本舱位有外来人员登机，应采取以下措施。

（1）询问本舱位指定组员是否完成查验程序。

（2）若本舱位组员未执行查验，则自己立即执行检查。

4. 检查饮用水的质量

2号乘务员在登机后必须对饮用水的水量、水质进行检查。机上饮用水检查标准：水量充足，大于水箱容积的1/2。打开冷水水龙头及热水器水龙头检查水质是否清澈、不见异色，无肉眼可见杂物，5 分钟以后无沉淀、无异味。当发现水质异常时，立即通知机组及机场相关保障单位，并在《乘务日志》上记录下来。

5. 检查机供品配备

根据《随机供应品服务用具配备、回收单》，清点正常餐食、特殊餐食的数量，检查供应品、冰块、餐具、报纸、机上礼品、机上销售品等配备是否齐全。检查供应品、用具等的种类、数量是否与单据上一致。整理并摆放各类机供品，合理分配前后舱物品。

6. 清除障碍物品

清除客舱过道、紧急出口处及所有无法固定的障碍物品。

7. 检查录像带与录像设备

设有娱乐系统的飞机应检查录像带是否齐全。操作录像设备的乘务员需对机上录像设备进行检查并进行试播放。

8. 旅客登机前严格清舱

检查客舱、服务间、厕所、衣帽间及行李间有无外来物品及人员，由 2 号乘务员向乘务长报告。检查完毕后及时锁闭洗手间、衣帽间。

9. 检查完毕后汇报

低号位乘务员检查设备完毕后的汇报口令如表 4-1 所示。

表 4-1 低号位乘务员检查设备完毕后的汇报口令

号位	4 号	5 号	6 号
汇报口令	R2 门滑梯包指针在绿色区域，滑梯处于解除状态	发报机处于待用状态	客舱应急设备处于待用状态
	洗手间烟雾探测器指示灯为绿色，自动灭火系统温度指示标志为灰白色圆点，盖好马桶盖，固定洗手液，锁闭洗手间	客舱阅读灯、通风口、呼唤铃使用正常，所有空座位的安全带扣好	紧急出口安全须知卡在位，通道及紧急出口处无任何障碍物
	配合 2 号乘务员清点餐食、机供品	紧急出口安全须知卡在位，通道及紧急出口处无任何障碍物	客舱阅读灯、通风口、呼唤铃使用正常，所有空座位的安全带扣好
	R2 门滑梯包指针在绿色区域，滑梯处于解除状态，后舱应急设备处于待用状态	客舱应急设备处于待用状态	客舱应急设备处于待用状态
	紧急出口安全须知卡在位，通道及紧急出口处无任何障碍物	洗手间烟雾探测器指示灯为绿色，自动灭火系统温度指示标志为灰白色圆点，盖好马桶盖，固定洗手液，锁闭洗手间	客舱阅读灯、通风口、呼唤铃使用正常，所有空座位的安全带扣好
	客舱阅读灯、通风口、呼唤铃使用正常，所有空座位的安全带扣好	紧急出口安全须知卡在位，通道及紧急出口处无任何障碍物 客舱阅读灯、通风口、呼唤铃使用正常，所有空座位的安全带扣好	紧急出口安全须知卡在位，通道及紧急出口处无任何障碍物

注：4、5、6 号乘务员在完成自己在直接准备阶段的工作后，要向 2 号乘务员报告工作的完成情况（低号位乘务员在完成物品传递工作后汇报）

10. 乘务员客舱检查单

乘务员客舱检查单如表 4-2 所示。

表 4-2　乘务员客舱检查单

航班号：　　　　　　　　　　　　　　　　飞行日期：

	检查项目	航前 是（√）否（×）	航后 是（√）否（×）	情况说明
应急设备	灭火瓶在有效期内，铅封完好			
	手提式氧气瓶指针压力在红色区域，在有效期内			
	防烟面罩铅封完好，在有效期内			
	救生衣数量、位置准确			
	座位安全带、肩带完好			
	个人手电筒有电，可亮灯			
应急设备	客舱记录本记录的故障已排除			
	客舱安全表演设备齐全可使用			
	水表满格			
	烟雾探测器绿灯闪亮			
	厨房及厕所垃圾箱盖板盖好			
	急救药箱在固定位置，铅封完好			
	应急医疗药箱在固定位置，铅封完好			
卫生间	马桶垫圈完好整洁			
	洗手盆及周边台面洁净			
	洗手间用品齐全			
	洗手盆水龙头可正常使用			
客舱	座椅及沙发移动功能正常，无异物染色、污渍残留和异味			
	灯光正常照明			
	旅客小桌板可自由抽放，表面无污渍残留、异味			
	地毯及脚垫表面无污渍残留、污染，无异物染色和异味			
	侧装饰板/顶板表面无污渍残留、污染，无异物染色和异味			
	遮光板收放自如			
	娱乐系统显示器、可收放式显示器活动自如，可正常播放			
	厨房/客舱内抽屉抽拉自如，锁扣完好可用，内部无冰块或水等异物残留			

续表

检查项目		航前 是(√) 否(×)	航后 是(√) 否(×)	情况说明
客舱	隔舱遮帘帘布平整，表面无污染和异物染色，无异味			
	毛毯、枕头干净完好			
	靠垫干净完好			
	门帘按扣及滑块完好			
	隔舱门开启自如			
	客舱服务设备正常			
	安全须知及紧急出口须知已配备			
服务间	烧水杯洁净、工作正常			
	咖啡壶洁净、工作正常			
	烤箱洁净、工作正常			
	抽屉洁净			
机供品	机供品按标准配发，质量合格			
	机供品剩余情况			
航后	进行客舱清舱检查			
	与航空食品供应部门交接餐具签单			
	打扫客舱卫生			
	马桶冲水系统正常，马桶无堵塞现象			
	换组交接工作及注意事项			

二、迎客前的检查及准备工作

在旅客登机前，乘务员应确保经济舱行李架处于打开状态、头等舱行李架处于关闭状态、客舱灯光保持明亮。

1. 检查舱门状况

如果舱门无登机梯、廊桥、食品车对接，则必须挂上安全绳。

2. 航前及时检查餐车刹车

如果餐车刹车失灵，应让航空食品配餐人员进行更换。如果未及时更换，乘务长必须记录在《乘务日志》里。

3. 检查客舱卫生

（1）客舱地板表面无水渍、无明显污渍，卫生良好。旅客小桌板用白色湿毛巾擦拭表面，无明显污渍。座椅各处整洁，座椅后袋物品插放顺序（抽查5个）：安全须知→清洁袋→出口座位须知（紧急出口区域）→电视指南卡或者遥控器使用说明和机上节目单（配有电视设备的机型）→杂志。客舱内无异味，隔舱遮帘、客舱壁板、行李架无污渍。

（2）洗手间台面、镜面看不到水渍、污渍，马桶用白色湿毛巾擦拭表面，无明显污渍，按规定配放卫生剂，污水已排空，垃圾箱已更换。

（3）厨房垃圾箱已更换，厨房壁板清洁，台面无污渍。

（4）乘务员在检查客舱卫生后报告乘务长，由乘务长签收客舱卫生。

直接准备阶段的工作至少应于旅客登机前5分钟完毕，乘务长向机长报告并请示机长有无进一步的指示。此外，乘务员还应检查个人仪容、仪表，确保着装整洁，发型、头饰、化妆均符合标准，保持良好的精神状态。

三、低号位乘务员的工作流程

（1）飞行箱的摆放：飞行箱放在客舱倒数第二排行李架两侧。将飞行必需品存放在固定位置，这些必需品包括围裙、化妆包、便签本、笔、软底鞋（女）等。

（2）按照岗位职责检查区域内的紧急设备及客舱设备，向2号乘务员汇报。检查紧急出口处座位的安全须知卡。

（3）清点毛毯。

（4）整理报纸。

（5）传递前后舱物品。从后舱往前舱传递报纸、冰块、服务用具及前舱所需物品，从前舱往后舱传递冰桶、小吃篮、机组食品、吸管、清洁用品及头等舱需冰镇的白葡萄酒、啤酒（根据机上实际配备情况而定）。

（6）打湿毛巾及折叠毛巾。

（7）当飞机有头等舱时，需准备冰镇白葡萄酒和啤酒。在冰镇白葡萄酒时，一定要先将酒瓶用防水的袋子包裹，之后再放入冰桶内进行冰镇，以防止白葡萄酒的纸质标签损坏，影响为旅客试瓶。

（8）检查客舱卫生情况。

（9）旅客登机前的清舱检查，确保客舱、服务间、洗手间无外来人员及物品，并及时向乘务长汇报。

第四节 客舱服务——空中实施阶段

按照国际民航组织的标准及中国民用航空局的要求，在飞机起飞后20分钟和落地前30分钟这两个飞行关键时段内，乘务员不能从事与飞行安全无关的工作。

此外，不同航空公司的客舱服务程序和工作内容不同。即便是同一家航空公司，由于航线和航班飞行时间不同，空中实施阶段的服务工作也会有所不同。本节介绍短航线客舱服务程序。

一、国内航线分类

根据航班飞行时间长短，我们将国内航线划分为短航线、中长航线和长航线（见表4-3）。

表4-3　国内航线分类

航线分类	分类标准
短航线	飞行时间<90分钟
中长航线	90分钟≤飞行时间<120分钟
长航线	飞行时间≥120分钟

二、起飞前工作

1. 迎接旅客登机

（1）播放登机音乐，调节灯光，将窗灯和顶灯均设定在BRIGHT位，调节灯光要及时、准确。

（2）确认机上没有地面工作人员，确认旅客登机时乘务员的站位。各号位乘务员在迎接旅客登机时，注意观察本区域的旅客，对于通道内的特殊旅客，乘务员之间要及时沟通与通报。

（3）为确保飞机配载平衡，乘务员应引导旅客对号入座，主动搀扶特殊旅客，及时疏通过道，尽量为座位不在一起的朋友或家人调换座位。

（4）在关舱门前确认氧气面罩与旅客人数匹配。

（5）主动协助旅客安排、整理行李架内的行李，容易滴洒液体的行李或易滑落的密码箱不能放在行李架上。当旅客的大件行李较多时，及时向乘务长汇报，说服并协助旅客办理行李托运。手提行李不得放在过道、出口位置及没有固定装置的隔间，必要时乘务值班人员有责任将旅客行李安排托运。

（6）负责紧急出口的乘务员在旅客就座后，第一时间告知旅客紧急出口处座位的注意事项和旅客应履行的义务，请旅客全程协助监控紧急出口区域，防止其他旅客打开应急窗口。

（7）如果在登机口清点的旅客数量与舱单旅客数量不符，或过站旅客不下飞机，乘务长应组织乘务员进行机上旅客人数清点（责任人：乘务长和区域乘务长），确保在登机口清点的旅客数量、舱单显示的旅客数量与机上清点的旅客数量三方是一致的。

（8）做好各项准备工作，确保飞机准时起飞。

2. 关闭舱门

1) 关闭舱门前

（1）在旅客登机后，进行欢迎词及防止登错飞机广播。

（2）乘务长在关闭舱门前需确认：机组人员到齐、所有行李已存放在规定的区域内、紧急出口位置的旅客符合要求、所有文件已备齐、与地面工作人员核对旅客人数一致。

乘务长通过内话系统向各舱位负责人一一确认，各舱位负责人将信息向乘务长汇报，汇报口令如下。

① 前舱和后舱无外来人员。

② 旅客按照登机牌的号码对号入座。

③ 各舱位（包括就座于经济舱的）旅客已经全部登机；确认重要旅客的人数、座位分布与电子舱单或《服务信息单》上的信息一致；确认头等舱旅客人数与舱单一致。

2) 关闭舱门后

（1）在将飞机推出停机位之前，确认每位旅客已就座并系好安全带；确认衣帽间、储物格等储藏空间已锁闭，行李架扣紧。

（2）下达操作滑梯口令：在关闭舱门后，乘务长使用广播器通知各门区负责人将滑梯预位。口令为"各号乘务员将滑梯预位并做交叉检查"。听到乘务长的口令后，各门区负责人应停止一切工作，立即回到自己负责的门区将滑梯预位并做交叉检查（在做交叉检查时，应走到对方的门区蹲下检查），区域乘务长通过内话系统向乘务长回复口令："预位完毕。"

3. 确认关闭电子设备

确认关闭电子设备的检查顺序，前舱 3 号乘务员从第一排检查至紧急出口，后舱低号位乘务员面向旅客倒退着走，从最后一排检查至紧急出口。

4. 安全演示

（1）有视频系统的机型播放《安全须知》录像。

（2）无视频系统的机型，由乘务员进行人工安全演示。

5. 安全检查及起飞前准备

1) 客舱安全检查

客舱安全检查要从上至下依次进行，依次是行李架、座椅靠背、遮光板、旅客小桌板、脚踏板、安全带、客舱通道，要做到不漏检。乘务员必须独立完成客舱安全检查程序，不能与其他工作交叉进行。一名乘务员从经济舱第一排检查到紧急出口，一名乘务员从紧急出口检查到经济舱最后一排。

2) 厨房安全检查

厨房安全检查由区域乘务长和 3 号乘务员分别在后舱、前舱进行，并确认洗手间无人并锁闭。厨房设备检查按照从 L 侧到 R 侧、从上方至下方进行，避免遗漏。关闭所有的厨房电源，固定好厨房松散物品，踩好餐车刹车，锁好厨房内所有的箱、车、柜门及锁扣，拉开并扣好厨房内的隔舱遮帘。

3）调暗客舱、厨房的灯光

客舱灯光：将顶灯调至 DIM 位，在夜航时调至 NIGHT 位，窗灯调至 OFF 位。关闭服务间内的灯光，仅保留 WORK 灯。

厨房灯光：打开洗手盆上方的工作灯，关闭其余厨房灯光。

4）自我检查

在客舱安全检查完毕后，乘务员在规定的座位就座，系好安全带和背带，双手放在座位两侧，或双手相握放在腿上，两腿并拢平放。

5）静默 30 秒

考虑紧急情况的预案，内容包括防冲击姿势、判断情况、相互协作、组织撤离口令等。

6）再次确认安全带广播

在乘务员完成客舱安全检查程序后，乘务长从第一排开始进行客舱安全复检，当复检至最后一排时，乘务长广播："飞机即将起飞，乘务员请就座。"乘务长再由后舱至前舱进行复检，确认组员均已就座，进行起飞前"再次确认安全带广播"。

三、起飞后工作

在飞机起飞后 3 分钟，乘务长进行"航线及服务介绍广播"。在飞机起飞后 20 分钟，系好安全带信号灯熄灭，乘务员开始进行空中服务。

1. 服务前的准备工作

打开锁闭的洗手间，检查护手霜、洗手液等是否摆放整齐。打开厨房电源，感受客舱的温度，及时通知驾驶舱调节客舱温度。

2. 毛毯服务

关注旅客的情况，对于老人和小孩等有特殊需求的旅客及时提供毛毯服务。

3. 播放录像

对需要播放的录像进行播放。

4. 提供餐饮服务

(1) 在服务前，女乘务员统一穿戴围裙。

(2) 确认餐食与饮料种类、餐食温度。

(3) 在提供餐饮服务前，乘务员需逐一检查热饮温度、餐车和餐车刹车状态、吸管、服务间餐车及储物格是否锁闭，并向所在区域乘务长汇报，在得到许可后才能进入客舱服务。

(4) 在波音 737 飞机执行的航班上，配餐通常包括 2 份清真餐和 1 份素食，其他特殊餐食根据旅客在购票时或在飞机起飞前 24 小时内的预订配备。

5. 回收杂物

保持客舱卫生，及时回收旅客用完的餐具、水杯和清洁袋，及时清理掉落在地板和座椅上的食物残渣，对客舱卫生进行整理。

6. 巡舱及细微服务

巡舱期间对客舱进行安全清查，如旅客物品是否存放在合理的位置、客舱内有无可疑物品、旅客是否有影响飞行安全的行为（如吸烟）等。及时收取旅客座椅口袋内的杂物，更换清洁袋，清理座椅间及通道中的杂物。

7. 整理客舱

清理客舱，整理棉被，回收毛毯、枕头、娱乐用具等。提醒旅客增减衣物，并协助旅客整理，回收杂物。

8. 落地前 30 分钟客舱广播

广播航班预计到达时间和目的地的天气情况。

9. 播放目的地风光片或音乐

短航线不播放目的地风光片或音乐。

10. 下降安全检查

一名乘务员从经济舱第一排检查到紧急出口之前，一名乘务员从紧急出口检查到经济舱最后一排。在检查时应从上到下、从左到右、从里到外，逐一确认，不漏检。再由乘务长复检。在安全检查的同时，2 号和 3 号乘务员分别在后舱、前舱确认洗手间无人并上锁，关闭厨房电源。

11. 调暗客舱灯光

乘务长回到前舱，关闭窗灯，将顶灯调至 DIM 位，服务间保留 WORK 灯。2 号乘务员关闭后服务间灯光，只保留 WORK 灯。所有乘务员回座位就座，系好安全带和肩带。

12. 再次确认安全带广播

各号位乘务员在飞机落地前 8 分钟完成准备工作，回到乘务员座位就座。乘务长广播："飞机即将着陆，乘务员请就座。"在飞机落地前进行再次确认安全带广播。乘务长由后舱至前舱进行复检。

四、落地后工作

1. 落地广播

在飞机完全停稳前观察客舱情况，通过广播器提醒站立或离开座位的旅客就座。在系好安全带信号灯熄灭后，乘务长进行落地广播，将客舱灯光调到最亮，2 号乘务员将后服务间灯光调到最亮。

2. 隔帘服务

（1）有头等舱的机型：在飞机完全停稳、系好安全带信号灯熄灭后，3号乘务员拉上头等舱与经济舱之间的隔舱遮帘，拉上头等舱与服务间之间的隔舱遮帘，返回门区待命。

（2）无头等舱的机型：在飞机完全停稳、系好安全带信号灯熄灭后，3号乘务员拉上客舱与服务间之间的隔舱遮帘，返回门区待命。

3. 滑梯操作与确认

乘务长通过广播器下达命令："各号位乘务员解除滑梯预位，做交叉检查。"同时乘务员进行解除滑梯预位操作并做交叉检查，2号乘务员通过内话系统向乘务长回复口令。

4. 开启舱门

乘务长在开启舱门前，需进行操作确认："3号乘务员，我即将打开舱门，请你再次帮我确认滑梯预位已经解除。"3号乘务员在确认滑梯预位解除后回答："已经解除，可以开门。"然后，乘务长开启舱门。各号位乘务员按照规定的站位就位，准备送旅客下飞机。

5. 送客

经济舱乘务员站在各自指定站位向旅客微笑、鞠躬，表示祝福，提醒旅客带齐物品并道再会。

6. 客舱清理

每个号位的乘务员负责各自所在区域的客舱清理工作。认真检查客舱、洗手间和行李架，发现旅客遗失物品、不明物品应及时报告，对客舱中剩余的毛毯、杂志等物品进行回收，关闭阅读灯。

第五节　客舱服务——航后讲评阶段

在航班结束后，乘务长组织乘务组员对航班保障情况进行讨论和讲评，如有特殊事件要及时上报并在《乘务日志》上说明，航后讲评会时间一般不少于10分钟。

一、航后讲评会

（1）区域乘务长对后舱安全、后舱乘务员的服务工作进行点评。

（2）安全员对航班安全工作进行讲评。

（3）乘务长对航班保障情况从安全和服务两个方面进行点评，重点讲解航班中服务工作存在的问题、颠簸及特殊情况的处置等。

（4）乘务长听取组员对航班保障情况提出的建议。

（5）乘务长视情况与机组沟通，讲评航班保障情况。

二、物品交接

（1）乘务长交接物品。
（2）安全员交接物品。
（3）交接国际航班乘务长包、护照、黄皮书等。

三、其他事项

（1）向乘务值班人员汇报重大或特殊事件。
（2）若餐食、机供品等出现质量问题，应向乘务值班人员汇报并提供样品。
（3）乘务长在航班结束后的 7 天内填写《乘务日志》，在填写后的 3 天内可进行内容更改。根据乘务员在航班上的具体表现进行考核，考核标准分为优秀、合格、不合格、差。

【项目实训】

（1）分组进行以下项目练习。
① 叠毛毯、发放及盖毛毯。
② 叠报纸及手发报纸。
③ 打湿毛巾及叠毛巾。
④ 冲泡热饮。
⑤ 摆放水车与发放饮料。
⑥ 摆放餐车与发放餐食。
⑦ 收餐（果仁、点心餐、正餐）。
⑧ 用大/小托盘收杂物及转身。
⑨ 端、拿、递送技巧。
⑩ 加茶水。
（2）分组进行短航线直接准备阶段、空中实施阶段服务程序的模拟练习。
（3）分组进行安全演示示范。

【自我检测】

（1）简述为什么要求机组人员提前一定时间到达机场。
（2）召开航前准备会有哪些重要作用？
（3）客舱安全检查包括哪几项？
（4）简述提供餐饮服务的顺序。

第五章 特殊旅客服务

知识目标

（1）了解特殊旅客的运输要求。
（2）熟悉特殊旅客的分类。

能力目标

（1）掌握残疾旅客的服务程序。
（2）掌握老年旅客的服务程序。
（3）掌握无人陪伴儿童的服务程序。
（4）掌握婴儿旅客的服务程序。
（5）掌握孕妇旅客的服务程序。
（6）掌握其他特殊旅客的服务程序。

第一节 特殊旅客服务概述

特殊旅客是指由于身体或精神状况需要给予特殊照顾的旅客，或在一定条件下才能承运的旅客。特殊旅客包括残疾旅客、老年旅客、无人陪伴儿童、孕妇旅客、婴儿旅客等。

随着经济的飞速发展，人们生活水平不断提高，乘坐飞机已变得越来越普遍，成为很多旅客主要的出行方式。然而，许多特殊旅客在乘机过程中被航空公司拒绝承运。比如，有些航空公司拒载特殊旅客，其法律依据是《中国民用航空旅客、行李国际运输规则》，其中提到承运人可根据其规定认为"旅客的行为、年龄、精神或者健康状况不适合旅行，或者可能给其他旅客造成不舒适，可能对旅客本人和其他人员的生命和财产造成危险或者危害"而拒绝承运特殊旅客，由此给特殊旅客的出行造成了很大不便。

特殊旅客服务体现了航空公司的社会责任感和行业文明。因此，乘务员在对特殊旅客服务时要严格遵守各项服务标准，尽心尽责、万无一失地做好特殊旅客服务工作。

一、迎客接待

（1）在登机时要确认特殊旅客的信息。
（2）乘务长与地面工作人员做好交接并签字。
（3）引导特殊旅客入座并安放行李，向特殊旅客介绍服务设备的位置及使用方法。

二、空中服务

（1）乘务长指定专人负责特殊旅客。
（2）在飞机起飞后及时与特殊旅客沟通，关注特殊旅客的需求。

三、落地前信息沟通

（1）乘务长将特殊旅客的信息通知机长。
（2）机长将特殊旅客的信息通知地面相关部门。
（3）指定的乘务员将落地后的安排通知特殊旅客。

四、落地后交接工作

（1）由指定的乘务员送特殊旅客下飞机。
（2）指定的乘务员与地面工作人员交接，地面工作人员在特殊旅客交接单上签字。

第二节　特殊旅客服务工作

一、残疾旅客的服务工作

为保障残疾旅客在航空运输过程中的合法权益，规范残疾旅客航空运输的管理及服务，根据《中华人民共和国残疾人保障法》《中华人民共和国民用航空法》及有关法律、法规、规章，参照《残疾人权利国际公约》及国际惯例，中国民用航空局制定并于2015年3月1日起正式施行《残疾人航空运输管理办法》。机场无障碍设施设备的配备应遵守《无障碍环境建设条例》，并符合民用机场航站楼无障碍设施设备配置标准的要求。承运人、机场和机场地面服务代理人应免费为具备乘机条件的残疾旅客提供本办法规定的设施、设备和特殊服务。

(一）相关定义

（1）具备乘机条件的残疾旅客是指购买或持有有效客票，为乘坐客票所列航班到达机场，利用承运人、机场和机场地面服务代理人提供的设施和服务，符合适用于所有旅客的、合理的、无歧视运输合同要求的残疾旅客。

（2）医疗证明是指由医院出具的、说明该残疾旅客在航空旅行中不需要额外医疗协助且能安全完成其旅行的书面证明。

（3）残疾旅客团体是指统一组织的，人数在 10 人以上（含 10 人），航程、乘机日期和航班相同的具备乘机条件的残疾旅客的团体。

（4）服务犬是指为残疾旅客生活和工作提供协助的特种犬，包括辅助犬、导听犬、导盲犬。

(二）残疾旅客运输人数限制

除另有规定外，承运人不得因残疾旅客的残疾造成其外表或非自愿的举止可能对机组或其他旅客造成冒犯、烦扰或不便而拒绝运输。承运人在拒绝为具备乘机条件的残疾旅客提供航空运输时，应向其说明拒绝的法律依据。具备乘机条件的残疾旅客要求提供书面说明的，承运人应在拒绝承运后 10 日内提供。

没有陪伴人员，在紧急撤离时需要他人协助的残疾旅客，包括使用轮椅的残疾旅客、下肢严重残疾但未安装假肢的残疾旅客、盲人、携带服务犬乘机的残疾旅客、智力或精神严重受损不能理解机上工作人员的指令的残疾旅客。对承运上述残疾旅客的人数规定如下。

（1）当航班座位数为 51~100 个时，为 2 名。

（2）当航班座位数为 101~200 个时，为 4 名。

（3）当航班座位数为 201~400 个时，为 6 名。

（4）当航班座位数为 400 个以上时，为 8 名。

（5）当承运残疾旅客的数量超过上述规定时，应按 1∶1 的比例增加陪伴人员，但残疾旅客的人数最多不得超过上述规定的 1 倍。

（6）当承运残疾旅客团体时，在按 1∶1 的比例增加陪伴人员的前提下，承运人还应采取相应措施。

（7）承运使用轮椅的旅客：对于使用轮椅的旅客，WCHR 不限制数量；WCHS 因为可以自行紧急撤离，限制一定的数量；WCHC 受到严格控制，必须提供陪伴人员，该类旅客每架飞机原则上仅承运 2 名。

① WCHC——完全不能自行上下飞机的旅客，其承运受到严格控制。

② WCHS——不能自行上下飞机，但在客舱内能自己行动的旅客，其承运受到一定限制。

③ WCHR——能自行上下飞机，在客舱内能自己行动的旅客，其承运不受限制。

（8）承运担架旅客：每个航班的每个航段上仅能承运一名担架旅客。

除上述规定外，承运人不得以航班上限制残疾旅客人数为由，拒绝承运具备乘机条件的残疾旅客。

（三）座位安排

除另有规定外，承运人不得禁止具备乘机条件的残疾旅客在任何座位就座，或要求其在某一特定座位就座。当具备乘机条件的残疾旅客提出以下座位需求时，承运人应尽力做出安排。

（1）当具备乘机条件的残疾旅客使用机上轮椅进入客舱后，无法进入带固定扶手的过道座位时，承运人应为其提供一个带活动扶手的过道座位或方便出入的座位。

（2）除另有规定外，承运人应为陪伴人员安排紧靠残疾旅客的座位。

（3）当具备乘机条件的残疾旅客与其服务犬同机旅行时，承运人应提供相应舱位的第一排座位或其他适合的座位。

（4）对于腿部活动受限制的具备乘机条件的残疾旅客，承运人应为其提供相应舱位的第一排座位或腿部活动空间大的过道座位。

（四）助残设备存放

客舱内有存放设施和空间的机型，按照先到先存放的原则办理，助残设备的存放应当符合中国民用航空局关于安保、危险品航空运输的相关规定。

1. 可带入客舱的助残设备（见表5-1）

表 5-1　可带入客舱的助残设备

类型	助残设备	
肢残	助行器	包括拐杖、折叠轮椅、假肢
聋哑人	助听设备	包括电子耳蜗、助听器
盲人	盲杖	分为多功能型和简易型
	助视器	
	盲人眼镜	

2. 助残设备存放的位置

助残设备应存放在残疾旅客认可并容易靠近的位置，特别是在航行中可能需要使用的设备，如导盲手杖、医疗设备、呼吸辅助设备等。可以存放的位置包括旅客座位底下、头顶行李架、专用储藏空间或其他指定的优先存放空间。

（1）导盲手杖或移动辅助手杖应交由乘务员保管。

（2）拐杖应交由乘务员保管。

（3）对于呼吸辅助设备，不使用时放在旅客座位底下或头顶行李架内。

（4）精神抚慰犬如果体型较小，可以放在旅客腿上，否则，应像导盲犬一样放在地板上。

(5) 助行器放置在专用储藏空间里或头顶行李架内，如果客舱放不下则放在货舱中。

3. 托运助残设备

当客舱内没有存放设施、空间或者助残设备不符合带入客舱的规定时，应将助残设备免费托运。具备乘机条件的残疾旅客可以免费托运 1 件助残设备。助残设备的运输优先于其他货物和行李，并应确保与具备乘机条件的特殊旅客同机到达。在航班到达后，应优先从货舱中取出托运的助残设备，并及时送到登机口交给残疾旅客。

(1) 电动轮椅应托运。具备乘机条件的残疾旅客托运电动轮椅，应在普通旅客办理乘机手续截止前 2 小时交运，并遵守危险品航空运输的相关规定。

(2) 将折叠轮椅放置在货舱。

(3) 允许残疾旅客使用自带助残设备前往登机口。对于助残设备在客舱中放置不下，而必须托运的情况，残疾旅客可在始发站登机口办理托运手续。

(五) 空中服务

1. 病残旅客

1) 登机阶段

(1) 需提前了解病残旅客的信息，如果条件允许，可让病残旅客优先登机。

(2) 乘务长与地面工作人员做好交接工作，详细了解病残旅客的具体情况，如病残部位、病残程度等，询问是否有特殊服务需求。

(3) 由乘务长指派专人引导病残旅客入座，尽可能将此类旅客安排在离出口较近的位置。

(4) 对于手臂及上肢有伤残的旅客，在其就座后，帮助其系好安全带，主动送上枕头或毛毯，垫在其受伤的胳膊下。

(5) 对于脚伤、腿伤以及其他下肢部位伤残的旅客，在其就座后应及时用小纸箱等物品垫高其下肢，尽量使其感觉舒适。

(6) 对于担架旅客，在登机前了解其座位号，提前将毛毯、枕头铺在座椅上，在旅客上机后让其头朝机头方向躺卧，帮助其系好安全带。

(7) 对于随身携带拐杖、手杖的旅客，应将拐杖、手杖放在其座位底下，或放在机上许可的储藏空间内，如衣帽间。

(8) 乘务员与病残旅客的陪同人员积极沟通，询问是否有其他注意事项或特殊需求。

2) 空中阶段

(1) 餐饮服务。

① 为病残旅客提供正常服务，不因为旅客身体上的缺陷及病态，对旅客歧视、不尊重或有语言冒犯。

② 主动协助病残旅客放下旅客小桌板，介绍饮料、餐食种类。

③ 对于上肢残缺或病情较重的旅客，应将餐食和饮料递送给其陪同人员。

④ 为病残旅客服务时要小心谨慎，不要触碰到旅客的伤残部位。

（2）巡舱期间。

① 随时关注病残旅客的状态，在服务时要考虑到旅客的意愿，避免过于热情或冷漠，伤害旅客的自尊心。

② 在面对病残旅客时，表情亲切自然，不要长时间盯着旅客的病残部位。

③ 在为病残旅客提供帮助前，尽量征询其陪同人员的意见，用最适宜的方式协助病残旅客。

④ 协助使用辅助装置行走的病残旅客进出洗手间。

（3）下降阶段。

① 在飞机下降前，及时告知病残旅客到达时间、目的地的天气情况等信息，提醒旅客及时增减衣物。

② 担架旅客需在飞机下降时头部朝机尾方向躺卧，并适当垫高头部，系好安全带。

③ 协助病残旅客整理随身物品，提醒病残旅客及陪同人员在飞机落地后最后下机。

④ 通知机长联系地面工作人员，准备病残旅客所需的轮椅、担架等设备。

（4）落地后。

① 病残旅客最后下机。

② 乘务员提前准备好为病残旅客保管的助残设备，确认地面工作人员准备的轮椅、担架等已到位。

③ 在下机时，协助陪同人员将病残旅客护送至舱门口，与地面工作人员做好交接。

④ 如果病残旅客乘坐经停航班，建议其在过站时不下飞机，安排专人照顾。

2. 盲人旅客

1）登机阶段

（1）乘务长与地面工作人员做好交接，安排专人引导盲人旅客就座，协助其安放随身行李，将常用的物品放在前排座椅下方，并让旅客亲自触摸、确认自己行李的位置，便于旅客取用。

（2）为盲人旅客介绍座椅周边环境，特别是呼唤铃的位置。在介绍座椅周围的设备时，需协助盲人旅客用手一一触摸，以增加记忆。

（3）帮助盲人旅客系好安全带，并让其自己用手感触安全带锁扣的使用方法，使用座椅方位或步数方位等介绍紧急出口的位置。

2）空中阶段

（1）餐饮服务。

① 在提供餐饮时，协助盲人旅客放下旅客小桌板，主动介绍饮料和餐食的种类，由盲人旅客自行选择。在旅客小桌板上放置食物时，需使用钟表指针法介绍食品、杯、

盘的位置。在将食品、物品放到旅客小桌板上而未告知盲人旅客前，不要挪动位置或取走，因为盲人旅客是靠记忆确认位置的。

② 在与盲人旅客交流时要有耐心，给其足够的考虑时间。

③ 帮助盲人旅客打开餐盒包装及刀叉包，告诉其餐盘内食物的位置。

④ 收餐时，在征得盲人旅客同意后再收走。

（2）巡舱期间。

① 主动询问盲人旅客是否需要用洗手间，在需要时将其引导至洗手间内，详细介绍洗手间内部设备，在旅客使用完毕后送其回座位。

② 如果盲人旅客携带导盲犬，则必须在登机前为导盲犬系上牵引绳索，在登机后导盲犬不能占用旅客座位，不能让其任意跑动。

③ 导盲犬必须伴随盲人旅客，保证导盲犬待在该旅客所坐的座位下并戴上口套，不得待在过道或其他出口区域。

3）下降阶段

（1）在飞机下降前及时告知盲人旅客到达时间、目的地的天气情况等信息，协助其更换衣物。

（2）帮助盲人旅客整理随身物品，提醒盲人旅客在飞机落地后最后下飞机，等待乘务员引导。

4）落地后

（1）待其他旅客下机后，乘务员引导盲人旅客下飞机。

（2）帮助盲人旅客检查座椅周边是否有遗留物品，搀扶其下机，协助提拿行李。

（3）与地面工作人员做好交接。

（4）如果盲人旅客乘坐经停航班，建议其在过站时不下飞机，安排专人照顾。

3. 聋哑旅客

1）登机阶段

（1）乘务长与地面工作人员做好交接，安排专人一对一服务，主动引导其就座，协助安放随身行李，将常用的物品放在前排座椅下，方便旅客取用。

（2）结合肢体语言为聋哑旅客介绍座椅周边环境和服务组件，特别是呼唤铃的位置，在必要时可用书写方式沟通。

（3）为聋哑旅客示范如何系好和打开安全带。

（4）聋哑旅客无法听到客舱广播信息，因此全程需要专人为其传达各类信息，如飞行时间、航班延误、临时换飞机、备降等。

2）空中阶段

（1）餐饮服务。

① 在提供餐饮时，可将各种饮料名称或标识主动示意给聋哑旅客，由旅客自行选择。

② 在与聋哑旅客交流时要有耐心，给其足够的考虑时间。
③ 当收餐时，在征得聋哑旅客同意后再收走。
（2）巡舱期间。
① 全程关注聋哑旅客的需求。
② 在使用肢体语言与聋哑旅客沟通不畅时，不能不耐烦或置之不理，应立刻准备好纸、笔，再次进行沟通。
3）下降阶段
在飞机下降时，写下到达时间、目的地的天气情况等信息告知聋哑旅客。
4）落地后
如果聋哑旅客乘坐经停航班，需确认聋哑旅客的目的地。

4. 精神障碍旅客
1）登机阶段
（1）提前与精神障碍旅客的陪同人员沟通以了解其情况，在必要时为其调整座位，使其与其他旅客保持一定距离，但不能安排坐在紧急出口处。
（2）尽量让陪同人员为其系好安全带，乘务员做好确认工作。
2）空中阶段
（1）餐饮服务。
① 在提供餐饮服务时，在征询陪同人员意见后再提供，避免提供含酒精的饮料。
② 面对有精神障碍的旅客，不要长时间盯着其看，在为其服务时表情应轻松、自然，不要有嫌弃、躲闪的行为。
（2）巡舱期间。
全程关注精神障碍旅客的情绪状态，在必要时协助陪同人员控制其情绪。
3）下降阶段
按正常的服务程序为精神障碍旅客服务。
4）落地后
主动询问陪同人员是否需要帮助，根据旅客意愿给予协助。

二、老年旅客的服务工作

老年旅客是指年满60周岁并乘坐民航飞机的健康老人，分为独自乘机老人和有人陪伴乘机老人。老年旅客的特点：守旧、身体机能减退、头脑和肢体不灵活、对事物反应缓慢、应变能力较差、有很强的不服老心态。老年旅客在坐飞机时注重安全、舒适，乘务员在与老年旅客沟通时要体现出对老年旅客的尊重、安慰、关心、体贴。

（一）登机阶段

（1）在老年旅客登机时，需主动上前协助提拿行李，搀扶其就座。

(2) 老年旅客携带的拐杖、手杖应放在以下两个位置。

① 纵向沿机身客舱壁板（非紧急出口）的窗口座位下。

② 许可的储藏空间内，如衣帽间。

(3) 老年旅客腿脚怕冷，应主动为其提供毛毯，在帮助盖毛毯时注意把脚和腿盖上，或适当垫高下肢。

(4) 由于老年旅客听力较差，经常听不清楚机上广播，乘务员应主动告诉其飞行时间，介绍安全带的系法和解法，呼唤铃、洗手间的位置，以及其他客舱服务设备。

(5) 在飞机起飞前安检时，应特别注意老年旅客的安全带是否扣好，主动协助其调节松紧度。

（二）空中阶段

1. 餐饮服务

(1) 在为老年旅客提供饮料时，应适当提高音量，放缓语速，主动介绍饮料品种，提醒其哪种饮料含糖分。当老年旅客需要橙汁时，主动提醒橙汁微酸。

(2) 在老年旅客用餐时，主动为其打开餐盒及刀叉包。

2. 巡舱期间

(1) 在飞机平飞过程中，主动嘘寒问暖，在工作闲暇时间与独自乘机的老年旅客适当交谈，以消除其孤独感。

(2) 如果老年旅客需要用洗手间应及时满足，帮助其放好马桶垫纸。对于行动不便的老年旅客，应主动搀扶其进入洗手间，并在门外等候，然后协助其回到座位。

(3) 主动帮助老年旅客或没带老花镜的老年旅客填写意见卡等。

（三）下降阶段

(1) 在飞机下降安检时，特别注意老年旅客的安全带是否扣好，主动协助其调节合适的松紧度。

(2) 若机外和机内温差较大，提示老年旅客及时更换衣物，叮嘱老年旅客在飞机落地后不要自行下机，等待乘务员的引领。

（四）落地后

(1) 在到达目的地后，提醒老年旅客携带好随身行李，协助其从行李架上取出行李，搀扶其下飞机。

(2) 对于乘坐经停航班的老年旅客，特别是无人陪伴的老年旅客，建议其在过站时不下飞机，安排专人负责照顾。

(3) 在下机时，与地面工作人员做好交接工作。如果遇到航班延误、航班取消等特殊情况，应及时与无人陪伴老年旅客交接单上的亲属取得联系，详细说明航班情况。

三、无人陪伴儿童的服务工作

无人陪伴儿童是指年龄满 5 周岁（含）但不满 12 周岁，且没有年满 18 周岁、具有民事行为能力的成年人陪伴乘机的儿童。

（一）登机阶段

（1）乘务长与地面工作人员做好交接工作，同时有多个无人陪伴儿童时，应逐一确认无人陪伴儿童交接单上的信息，妥善保管好无人陪伴儿童的随身行李、登机牌、个人证件等。

（2）由乘务长指派专人引导无人陪伴儿童就座，如有空位，可将其调至离服务间较近的位置就座，便于乘务员随时照顾。

（3）乘务员单独为无人陪伴儿童介绍安全带的系法和解法、呼唤铃的位置。在飞机起飞前安检时查看无人陪伴儿童的安全带松紧度是否适中。

（二）空中阶段

1. 餐饮服务

（1）在为无人陪伴儿童提供餐饮服务时，水杯不宜过满，热饮、热食温度要适中。主动为无人陪伴儿童打开餐盒及刀叉包，介绍餐盒里的食物种类和名称。

（2）在用餐时，提醒无人陪伴儿童注意旅客小桌板上的饮料，尤其是热饮，避免小旅客将衣物弄脏或意外烫伤。

（3）及时收回用完的餐盒，多向无人陪伴儿童提供一些餐巾纸或湿纸巾以便备用。

2. 巡舱期间

（1）为无人陪伴儿童提供玩具、儿童图书、象棋、跳棋等文化娱乐用品。

（2）全程关注无人陪伴儿童的状态，根据客舱温度随时为其增减衣物。

（3）主动询问无人陪伴儿童是否需要上洗手间，由乘务员亲自带领前往和返回。

（三）下降阶段

（1）当飞机开始下降时，叫醒正在睡觉的无人陪伴儿童，向其提供小瓶矿泉水或小吃，防止压耳。

（2）在飞机落地前，帮无人陪伴儿童整理好随身物品，特别要确认证件、行李牌等已装好。

（3）如果机外和机内温差大，协助无人陪伴儿童提前更换衣服，叮嘱其在飞机落地后不要自行下机，等待乘务员的引领。

（4）为无人陪伴儿童填写无人陪伴卡，使其目的地监护人了解小旅客在旅途中的情况。

（四）落地后

（1）在到达目的地后，协助无人陪伴儿童整理行李，带领其下飞机。

（2）乘务长与地面工作人员做好交接工作。

（3）如果无人陪伴儿童乘坐经停航班，在过站时不要让其下飞机，安排专人照顾。

（4）如遇航班延误、取消等特殊情况，及时与无人陪伴儿童交接单上的亲属取得联系，详细说明航班情况。

四、婴儿旅客的服务工作

婴儿旅客是指出生14天至2周岁以下的婴儿。婴儿应由年满18周岁、具有完全民事行为能力的成人陪伴乘机，不单独占用座位。携带婴儿的旅客优先登机。

每名成人只能携带一个婴儿，超过数量的婴儿应购买儿童客票，并单独占座。婴儿旅客可免费托运10公斤的行李，另可携带一辆全折叠式婴儿车。当婴儿车折叠后的尺寸超过20厘米×40厘米×55厘米，且重量超过5公斤时，必须作为托运行李运输。

（一）机上专用婴儿安全带

1. 适用范围

机上专用婴儿安全带适用于两周岁及两周岁以下、不适宜使用婴儿摇篮、没有单独座位且不能独自就座的婴幼儿。

2. 使用方法

（1）将机上专用婴儿安全带安装在成人安全带上。

（2）扣好成人安全带，调节长度。

（3）扣好机上专用婴儿安全带，调节长度。

3. 注意事项

（1）机上专用婴儿安全带用专用的橘红色袋子装配，放在机上指定位置，袋子上有"婴儿安全带（SEATBELT INFANT）"字样，以便乘务员将其与加长安全带进行区分。

（2）乘务员在航前必须检查机上专用婴儿安全带是否存放在指定位置，数量是否齐全，是否在待用状态。

（3）乘务员应主动向怀抱婴儿的旅客介绍机上专用婴儿安全带，若旅客需要，可为其提供。

（4）若机上专用婴儿安全带丢失和损坏，乘务长须填写客舱记录本。

（二）登机阶段

（1）在登机时，乘务员主动上前协助抱婴儿的旅客提拿行李、引导入座、安放行李，把婴儿常用的物品放在前排座椅下方，便于旅客取用。

（2）在旅客人数不满时，主动将携带婴儿的旅客调换到有整排空座的位置，告知在飞机起飞后可抬起座椅扶手，让婴儿平躺在座椅上，并小心看护。

（3）主动为婴儿提供枕头或毛毯，征求家长意见是否关闭通风口，防止吹风着凉。

（4）介绍呼唤铃、有婴儿换尿布设备的洗手间的位置。

（5）告知婴儿的家长要将安全带系在大人身上，如果家长坐在靠过道的座位上，须提示其将婴儿的头部朝向内侧，避免他人或餐车经过时碰触。

（6）带入客舱里的婴儿车，应让旅客知道摆放的位置。

（7）协助携带婴儿的旅客放下座椅扶手时的处置措施如下。

① 首先主动告知携带婴儿的旅客，出于安全考虑需要将座椅扶手放下。

② 在征得该旅客的同意后，仔细观察周边的状况。

③ 在放下座椅扶手的过程中，乘务员应做到双手相互配合，一只手抱好孩子，另一只手放下座椅扶手，动作要轻柔。

在协助携带婴儿的旅客放下座椅扶手时，应该考虑到婴儿的安全，以免由于乘务员的工作差错将婴儿夹伤。应做到"口到、眼到、手到"，即先询问、后观察、再行动，一定不要操之过急。

（三）空中阶段

1. 餐饮服务

（1）在分发餐食时，不能将热食盒直接从婴儿头部上方递送，避免餐食汤汁滴落到婴儿身上造成烫伤。主动询问携带婴儿的旅客是否需要为婴儿准备食物、是否有其他特殊要求等。

（2）如果婴儿家长要求乘务员协助冲调奶粉，应严格按家长要求进行冲调。冲泡奶粉的常规流程如下。

① 先将奶瓶和奶嘴用热水烫洗一下，然后按旅客要求添加适量的温水。

② 在手背上滴洒少许，试一下水的温度，调整合适后加入奶粉，盖上奶嘴和瓶盖，用手摇匀。

③ 在交给旅客前，将奶瓶擦拭干净，用小毛巾或餐巾纸包好。

2. 巡舱期间

（1）乘务员需要时刻关注携带婴儿的旅客，但除非该旅客请乘务员帮忙，否则乘务员不主动去抱婴儿。

（2）配备婴儿摇篮的机型，在平飞期间可根据旅客需要为其提供并铺上毛毯，提供枕头让婴儿平躺并系好安全带。

（3）旅客在有婴儿板的洗手间内给婴儿换尿布，如果机上没有该设备，可在乘务员座椅上进行更换。乘务员在更换前需提前铺上毛毯，准备好清洁袋、纸巾等，乘务员要注意压住座椅以免座椅弹起夹伤婴儿，换完后请家长洗手或用热毛巾擦手。铺过的毛毯做回收处理，后续航班不再使用。

（4）及时清理携带婴儿的旅客座椅周围的纸屑或其他杂物。

（四）下降阶段

（1）在飞机下降时，可根据情况提醒携带婴儿的旅客给孩子喂奶或喂水，避免睡觉时压耳。

(2) 使用的婴儿摇篮要及时收回。
(3) 提示携带婴儿的旅客将婴儿头部怀抱在身体内侧，以免在飞机落地时冲力过大而碰伤。

（五）落地后

(1) 在飞机落地后，协助携带婴儿的旅客整理好随身物品，并帮助提拿，送其下飞机。
(2) 交由乘务员保管的婴儿车应当在旅客下飞机时，提前在廊桥口摆放好。

五、孕妇旅客的服务工作

怀孕超过 32 周（含）但不足 36 周的健康孕妇，在乘机时应有成人陪伴，并在乘机前 24 小时内交验"医疗诊断证明书"。如果孕妇有下列情况，航空公司则无法承运。
(1) 怀孕 36 周（含）以上者。
(2) 预产期临近但无法确定准确日期，已知为多胎分娩或者预计有分娩并发症者。
(3) 顺产后不足 7 天，难产以及早产经医生诊断不宜乘机者。

（一）登机阶段

(1) 在孕妇旅客登机时，乘务员要主动帮助提拿、安放其随身携带物品，主动为其调节通风口。
(2) 提供毛毯或枕头垫在孕妇旅客的小腹下，介绍呼唤铃的位置及系安全带的方法，协助其系在大腿根部。
(3) 主动询问孕妇旅客的身体状况，如有不适，可为其多提供几个清洁袋和矿泉水，满足旅客的其他需求，尽量让其感觉舒适。
(4) 视情况为孕妇旅客调换距离洗手间稍近的座位。

（二）空中阶段

1. 餐饮服务
(1) 根据孕妇旅客的喜好推荐适合其口味的饮料和食品，以果汁类和温水为宜。
(2) 孕妇旅客如需加餐应优先提供。
(3) 如果孕妇旅客需要额外的辣椒酱或咸菜等，根据实际配备情况尽量满足。
2. 巡舱期间
(1) 随时关注孕妇旅客的乘机状态，如果发现其有不适的现象，主动询问是否需要帮助。
(2) 在飞行中，如果孕妇旅客需要从行李架上取拿物品，乘务员要主动给予协助。
(3) 当洗手间排队人数较多时，可征询其他旅客的意见，让孕妇旅客优先使用，并对给予配合的旅客表示感谢。

（三）下降阶段

（1）协助孕妇旅客提前整理好随身物品。

（2）在安检时，注意查看孕妇旅客安全带的松紧程度和系的位置是否正确。

（四）落地后

（1）在下机时，协助孕妇旅客提拿行李，将其送至舱门口，与地面工作人员交接。

（2）对于乘坐经停航班的孕妇旅客，可在征求其意见后决定是否让其下机休息。

六、其他特殊旅客的服务工作

（一）酒醉旅客

酒醉旅客是指饮酒过量、失去自控能力、在航空旅行中明显会给其他旅客带来不愉快或者可能造成不良影响的旅客。

通过观察旅客的神态、言谈、举止，在登机时发现酒醉旅客应拒绝其登机，被拒绝乘机按自愿退票的规定处理。飞行中发现酗酒、不听劝阻或者寻衅滋事的酒醉旅客，应制止其行为或者对其实施管束。在飞机落地后将酒醉旅客移交给目的地的民航公安机关处置。

（二）额外占座旅客

额外占座旅客是指为了个人舒适和满足放置手提行李的需要而要求占用两个或者两个以上座位的旅客。

1. 登机阶段

（1）在登机时，根据旅客出示的登机牌确定是占一个座位还是多个座位，安排其先入座，主动协助安放行李，不要放在脚下，避免拿取不方便。

（2）在条件允许的情况下，主动为其调换宽松的座位，并提供加长安全带，在飞机落地后及时收回。

（3）肥胖旅客一般比较怕热，乘务员需主动调节客舱通风口，夏季视情况可提供湿毛巾或冰水，降低其体温。

（4）如果肥胖旅客坐在紧急出口处，在飞机起飞前需及时调整其座位，注意说话方式，不要让旅客感觉尴尬或不满。

2. 空中阶段

1）餐饮服务

如果额外占座旅客提出加餐需求，应及时满足。

2）巡舱期间

按照正常服务程序工作。

3. 下降阶段

按照正常服务程序工作。

4. 落地后

按照正常服务程序工作。

（三）晕机旅客

晕机在医学上称为晕动病。晕机症状因人而异，有轻重之分。轻者表现为头晕、全身稍有不适、胸闷、脸色红。重者则会脸色苍白发青、头痛、心慌、微汗。更严重的将会出现浑身盗汗、眩晕恶心、呕吐不止等难以忍受的痛苦症状。

造成晕机的原因很多，如飞机颠簸、起飞、爬高、下降、着陆、转弯，个人心情紧张、身体不适、过度疲劳等。正常健康者和有轻微晕机症状的人，在乘坐现代化大型客机时，通常不会出现晕机症状。

1. 登机阶段

（1）如果旅客提出有晕机史，要求服用晕机药，应询问其是否服用过晕机药品，并在说明机上用药须知后再提供。晕机药应在乘机前30分钟服用，成人每次服用1~2片，必要时每4小时服用1次，24小时内总共不超过12片。

（2）可为晕机旅客多准备一些清洁袋和纸巾等。

2. 空中阶段

1）餐饮服务

根据旅客需求提供餐饮服务，如果旅客因身体不适暂时不想用餐，在征询其意见后决定是否为其保留。

2）巡舱期间

（1）如果旅客呕吐，主动为其提供热毛巾、温水及清洁袋，打开通风口，建议旅客解开过紧的领带或衣领扣。

（2）调整旅客座椅靠背，让旅客紧靠椅背闭目休息并深呼吸，或让旅客躺卧，尽量让其感觉舒适。

（3）协助清理呕吐物，在必要时为晕机旅客调换座位。

（4）对于严重晕机者，根据实际情况提供氧气瓶让其吸氧。

3. 下降阶段

（1）轻声询问旅客身体情况，并加以安慰。

（2）根据旅客的后续行程情况，提供适量的晕机药。

4. 落地后

在下机时主动帮助晕机旅客提拿行李并搀扶其下机。

七、特殊旅客细微服务标准

特殊旅客细微服务标准如表5-2所示。

第五章 特殊旅客服务

表 5-2 特殊旅客细微服务标准

序号	类型	细微服务标准
1	孕妇旅客	① 在孕妇旅客登机时主动帮助提拿、安放随身携带物品，注意调节通风口； ② 提供毛毯垫在孕妇旅客的小腹下，介绍系安全带的方法（协助其系在大腿根部），应向孕妇旅客多提供几个清洁袋，主动询问孕妇旅客乘机感受，随时给予照顾； ③ 在下机时乘务员可协助孕妇旅客提取行李，并送至舱门口
2	儿童/婴儿旅客	① 在儿童登机时需弯腰，表示欢迎及爱护； ② 根据机上现有条件提供一些儿童读物、玩具、糖果等； ③ 主动帮助携带婴儿的旅客提拿随身携带物品并安放好（事先提示旅客把婴儿要用的物品取出，放在便于拿取的位置）； ④ 主动向携带婴儿的旅客介绍机上服务设备，特别是呼唤铃、洗手间的位置和为婴儿换尿布的设备，主动帮助调整好通风口，不要让通风口直接对着婴儿； ⑤ 在用餐时，提醒携带婴儿的旅客注意旅客小桌板上的饮料避免泼洒到婴儿身上，同时主动询问该旅客是否需要为婴儿准备食物，需不需要冲奶粉、有无特殊要求等； ⑥ 在提供饮料服务时，先提供给监护人，再由其转给儿童，需同时提供吸管； ⑦ 携带婴儿的旅客需要乘务员时刻关注，但除非旅客请乘务员帮忙，否则乘务员不要主动去抱婴儿； ⑧ 在洗手间给婴儿换尿布，如果机上没有该设备可以在座椅上换。为了不影响其他旅客，可在乘务员座椅上换。乘务员要铺上毛毯，准备好清洁袋，压住座椅以免座椅弹起夹伤婴儿。在换完后请家长洗手或用热毛巾擦手； ⑨ 在飞机下降时应提醒家长不要让婴儿睡觉避免压耳，提示家长将婴儿头部朝里，以免落地时因向前的冲力而碰伤； ⑩ 在飞机落地后，帮助婴儿的家长整理好随身携带物品，将其送下飞机
3	老年旅客	① 在老年旅客登机时需主动上前搀扶； ② 老年旅客腿部容易怕冷，应主动提供毛毯，在帮助盖毛毯时注意把脚、腿盖上，或适当垫高下肢； ③ 由于老年旅客听力较差，对机上广播经常听不清楚，乘务员应主动告诉其飞行距离、时间，介绍客舱服务设备、洗手间的位置； ④ 在为老年旅客提供饮料时，应适当提高音量，主动介绍饮料品种，提醒旅客哪种饮料含糖分，在老年旅客需要橙汁时应主动提醒橙汁是微酸的； ⑤ 在老年旅客用餐时，主动为其打开餐盒及刀叉包； ⑥ 旅途中经常对单独乘机的老年旅客嘘寒问暖，在工作闲暇时多与他们交谈，消除老年旅客的寂寞； ⑦ 主动帮助老年旅客或没带老花镜的老年旅客填写意见卡等； ⑧ 到达目的地时提醒老年旅客别忘记所携带的物品，搀扶其下飞机，与地面工作人员做好交接
4	肥胖旅客	① 在登机时安排其先入座，主动协助安放行李； ② 在条件允许的情况下主动为其调至比较宽松的座位，并提供加长安全带，在落地后及时收回； ③ 肥胖旅客一般比较怕热，乘务员需主动调节客舱通风口，提供湿毛巾或冰水，降低其体温； ④ 尽量避免将肥胖旅客安排在紧急出口处或紧挨过道的座位上，影响周围旅客进出

119

续表

序号	类型	细微服务标准
5	病残旅客	① 将病残旅客安排在离出口较近的位置，主动协助其坐好； ② 在病残旅客就座后，应主动帮助系好安全带； ③ 如果旅客的下肢伤残，在就座时可协助垫高其下肢，尽量使其感觉舒适； ④ 乘务员在为病残旅客（特别是刚受伤的旅客）服务的时候应保持正常的心态，以免伤其自尊心，可通过同行的旅客来了解其需要； ⑤ 在供应饮料和餐食时，帮助放好旅客小桌板，在征得同意后，主动帮助将肉食、水果等切成小块，让其用叉子吃； ⑥ 在病残旅客用洗手间时主动搀扶； ⑦ 征询病残旅客的意见，是否需要轮椅，待旅客下机后坐上轮椅，将其交接给地面工作人员
6	聋哑旅客	① 了解聋哑旅客的到达站机场，及时提醒其是否已到目的地，并将目的地机场的名称、到达时间、天气状况等信息通过手势或写字的方法告诉旅客； ② 将机上设备使用方法、洗手间位置、餐饮品种等内容通过手势或写字的方法告诉聋哑旅客； ③ 随时关注聋哑旅客的需求，适时为其提供服务
7	初次乘机旅客	① 主动介绍机上设备、洗手间、呼唤铃、通风口的位置及使用方法； ② 在入座后帮助其系好安全带，并介绍如何打开； ③ 在旅途中随时了解并询问初次乘机旅客的需求，适时提供帮助
8	无人陪伴儿童	① 为无人陪伴儿童提供儿童图书、象棋、跳棋等文化娱乐用品； ② 指派专人服务，随时关注并提供帮助； ③ 在飞机下降时，叫醒正在睡觉的小旅客并妥善照料，以免压耳； ④ 对于无人陪伴儿童的行李物品及注意事项，在下机时与地面工作人员做好交接
9	盲人旅客	① 指派专人服务，随时关注并帮助盲人旅客； ② 用让盲人旅客触摸的方式介绍机上设备、洗手间、呼唤铃、通风口的位置及使用方法； ③ 主动帮助其系好安全带，并告知解开的方法，让其自行操作一次； ④ 介绍机上配备餐食、饮料的品种，征求其意见； ⑤ 帮助盲人旅客打开餐盒、热食盒、刀叉包的外包装； ⑥ 帮助盲人旅客切割大块的肉类； ⑦ 在旅途中随时了解并询问盲人旅客的需求，适时提供帮助； ⑧ 在盲人旅客使用洗手间时主动搀扶，提供帮助，介绍洗手间设施的使用方法； ⑨ 了解盲人旅客的到达站机场，及时提醒其是否已到目的地，并将目的地机场的名称、到达时间、天气状况等信息告诉盲人旅客； ⑩ 搀扶盲人旅客下机，与地面工作人员做好交接工作

续表

序号	类型	细微服务标准
10	晕机旅客	① 让晕机旅客松开领带、腰带和安全带，帮助调整通风口和座椅靠背，让其安静休息； ② 主动热心照顾晕机旅客，提供清洁袋、温开水和小毛巾，及时清除污物、补充清洁袋； ③ 如果座椅被弄脏，有条件可为晕机旅客调换座位，当无空座位时，应在擦干净座椅后铺上毛毯，然后再让其就座； ④ 在必要时对症提供药品和温开水； ⑤ 对于晕机严重的旅客，提供氧气面罩
11	休息旅客	① 及时为休息旅客提供毛毯和枕头； ② 关闭阅读灯和通风口，拉下遮光板； ③ 在客舱内走路要轻，在服务间工作时要注意不要发出各种声响，说话注意音量； ④ 注意客舱温度和旅客的冷暖需求； ⑤ 对休息旅客应做到随时监控，并在其醒来时主动上前为其提供服务
12	看书报杂志的旅客	① 提供"零干扰"服务； ② 在征得旅客同意后，为其打开阅读灯； ③ 如果需要打扰旅客阅读，应先致歉，再说明原因

【项目实训】

（1）分组进行盲人旅客登机阶段、空中阶段、下降阶段、落地后的服务。
（2）分组进行无人陪伴儿童登机阶段、空中阶段、下降阶段、落地后的服务。
（3）分组进行聋哑旅客登机阶段、空中阶段、下降阶段、落地后的服务。
（4）分组进行孕妇旅客登机阶段、空中阶段、下降阶段、落地后的服务。
（5）分组进行老年旅客登机阶段、空中阶段、下降阶段、落地后的服务。
（6）分组进行婴儿旅客登机阶段、空中阶段、下降阶段、落地后的服务。

【自我检测】

（1）简述残疾旅客的助残设备可存放的位置。
（2）简述老年旅客的特点。
（3）简述孕妇旅客乘机的限制规定。

第六章 民航乘务员的健康生活方式

知识目标

（1）了解民航乘务员的健康生活方式。
（2）了解民航乘务员适应生活方式变化的方法。

能力目标

（1）掌握民航乘务员保持个人健康的方法。
（2）掌握民航乘务员处理工作压力的方法。

第一节 营养与锻炼

乘务员职业的特殊性，使得乘务员的工作方式和生活方式与很多人不同。当乘务员身处客舱环境时，所面临的健康问题与其他行业的从业人员是不一样的。对乘务员而言，合理的饮食营养搭配、健身锻炼不仅能让其远离疾病，还能确保其身体和精神状态符合飞行要求。

一、良好的营养

乘务员应该在工作中保持良好的营养和饮食习惯。机组的餐饮通常由航空公司提供，对于有宗教信仰、健康问题（如过敏等）或饮食方面有特殊要求的乘务员，有时需要自己准备食物。乘务员在长时间飞行中可能没有时间从容地享用正餐，所以保持健康的饮食习惯就显得尤为重要。在一天里多吃几次有营养的东西，如水果、全谷物食品、坚果等。饮用苏打类饮料会导致胀气不适，因此乘务员在飞机上要多喝水。避免饮酒，避免以饼干和糖果代替餐食充饥。良好的营养能使乘务员精力充沛。

二、健康习惯

经常锻炼非常重要，乘务员通过运动能增强身体柔韧性、强健肌肉，从而避免在工作中受伤。锻炼也能改善睡眠，减轻压力，保持轻松愉快的心态。由于乘务员职业的特殊性，乘务员经常身处异地，如果时间和设施有限，可以在室内锻炼或把基本的瑜伽姿势作为锻炼和静思的方式，徒步和慢跑也是锻炼和欣赏异地风光的最佳方式。

在飞机上，乘务员需要协助旅客安放行李、放置厨房设备、提供餐饮服务。若乘务员提取行李、推拉餐车或搬动托盘的方法不对，很可能造成背部受伤。因此，正确的提举技巧对乘务员的健康非常重要。以下是正确提举的步骤。

（1）在提举前做好准备工作，如清理通道。
（2）两脚分开与肩同宽，保证身体平稳。
（3）保持背部挺直，屈膝站起或蹲下。
（4）在提举时收腹，防止脊柱劳损。
（5）用手臂将物品靠近身体提起。
（6）在搬运较大、较重或形状不便于搬运的物品时，可以请他人协助搬动。

三、民航乘务员个人护理和保健

1. 飞行环境和健康风险

客舱里的气压与我们生活环境的气压不同，相当于小山顶上的气压。在这样的环境下，人会感觉缺氧并且体内胀气。只要没有心脏、肺或血液等方面的疾病，人的身体就能适应氧气含量比平常低7%的环境。随着飞机高度的上升，人体内的空气可能膨胀25%，这可能造成腹部不适、腹胀或绞痛，耳朵不适，如耳鸣，以及呼吸瘘管问题。如果乘务员或乘客的耳朵、鼻腔感染时，则不宜飞行或乘机。因为这些疾病会阻碍空气在体内流动，从而导致身体局部疼痛、出血或耳鼓破裂。虽然可以通过药物缓解以上症状，但乘务员在执行任务时是不准服药的，航空公司对此有具体规定。乘务员应谨慎使用非处方药，注意药的副作用，提前向客舱管理部门咨询，了解对非处方药以及医生提供的处方药的建议。

2. 预防疾病感染

虽然飞机客舱内的空气质量很好，但客舱毕竟是狭小、密闭的空间，增加了传染性疾病通过咳嗽或呼吸在人群中传播的概率。为了让自己免受潜在疾病的威胁，乘务员需要采取接种疫苗的自我防护措施。乘务员需要接种的疫苗种类取决于航班飞行目的地。大多数航空公司会给予指导并说明需要接种哪些疫苗，有时还会通过医疗计划或医疗机构提供免疫接种。

乘务员根据世界卫生组织的建议接种疫苗，通常需要接种的疫苗种类如下。
（1）破伤风、百日咳和白喉。
（2）卡介苗。

（3）麻疹、腮腺炎和风疹。

（4）脊髓灰质炎。

（5）乙型肝炎。

（6）流感嗜血杆菌。

其他需要接种的疫苗种类如下。

（1）甲型肝炎。

（2）黄热病。

（3）流行性脑膜炎。

3. 辐射

来自太阳和外太空的辐射始终影响着地球。大气层阻挡了大部分宇宙射线，但随着海拔高度的增加，辐射会越来越强，乘务员在飞机正常飞行过程中受到的辐射程度处于人体可接受范围内。

辐射对机组和乘务组的影响程度取决于航路、飞行高度和机型，随着远程航线的增多和飞机巡航高度的增加，很多航空公司与专家合作以确定辐射级别。

4. 其他已经证实的飞行对人体的影响

（1）气压波动和时区变更影响荷尔蒙分泌和月经周期。

（2）如果飞越3~4个时区，时差是不可避免的。其引起的症状会因为劳累、过度进食、脱水、缺乏睡眠、饮酒而加重。

（3）客舱的相对湿度很低，至少比正常情况低20%。

虽然这些因素造成了身体不适，但对乘务员的健康没有实质危害。为了抵消这些影响，乘务员应饮用更多的水和果汁，控制酒、咖啡、茶和含咖啡因的饮料的饮用。

四、与航空旅行相关的环境风险

乘务员预先掌握一些基本的安全措施，对处置突发紧急情况是有必要的。

1. 酒店火灾

当所住的酒店发生火灾时，乘务员应立即向前台或酒店接线员报告火情，明确所处房间与紧急出口之间的过道和固定装置，即使在黑暗或烟雾中也能逃生。当出现烟雾时，烟雾和致命气体会向上流动，必须将身体靠近地板。用手背试探门或门把手的温度，如果发烫则不要开门，否则慢慢打开门，如果发现危险则迅速关上。在逃生时不要使用电梯。

如果逃生路线被阻，则可以尝试经窗户或阳台逃生，但是从两层以上的楼层跳下极可能受伤，此时逃上楼顶是最后的选择。如果必须待在自己的房间内，可在窗外挂上床单让别人知道房间里有人。可将浴缸装满水，将水洒到门上或墙上以降温。将床单、毯子或毛巾浸湿来扑灭火焰。湿的床单可以用来填塞门上的缝隙和通风管道以阻挡烟雾。用毯子罩住头部，留一个小口以维持呼吸。

2. 地震

在地震发生时如果在室内，可躲在靠内墙的桌子或长椅下面。不要使用电梯。如果有煤气管破裂则不能使用火柴或蜡烛。闻到煤气味，应打开窗户。在安全的情况下尽快离开建筑物。

如果在户外，则远离遭破坏的建筑物和悬挂在头顶的电线。通过手机了解最新信息。

3. 飓风、气旋或龙卷风

在飓风袭来之前，将水槽、冰罐和浴缸装满饮用水，如果在飓风过去后缺水则可使用。在刮龙卷风时，应将窗户留出缝隙以释放建筑物内的气压。使用床垫、毯子或枕头进行自我保护，免受四处乱飞的碎片伤害。除非被告知危险已解除，否则待在室内，通过电视或手机了解最新消息。

第二节　民航乘务员的生活方式与工作压力

乘务员工作的特点是严格遵守时间安排，并在各地飞来飞去，工作的特殊性将直接影响乘务员的生活方式，因此要求乘务员具有很强的适应能力。对新乘务员而言，需要做好准备从而减少乘务员职业给生活带来的影响。

一、民航乘务员的生活方式

乘务员的生活方式在充满吸引力的同时也充满压力。乘务员在开始职业生涯后，生活中的一些方面将会发生变化。在接受职业培训并进行第一年的飞行时，乘务员会发现对工作几乎没有控制力——包括工作时间、所飞航线的类型、目的地、休息时间，以及是否能在假日不用工作等。

1. 值班时间

很多乘务员是从作为备份乘务员（即待命工作的乘务员）开始工作生涯的。备份乘务员需要待命，是因为要替换那些因生病或其他原因不能工作的乘务员，或者是因为天气、机械故障或航班取消等导致航班计划变更。如果旅客很多，航空公司也会额外增派乘务员以保证良好的服务。

2. 个人生活

不论是备份乘务员还是确定排班的乘务员，其每个月的工作日程都不是固定的。因此，乘务员需要根据工作相应调整自己的个人生活。乘务员执行任务的时间可能是一天，也有可能是数天甚至更长时间。在准备飞行箱时，乘务员需要准备一些额外的物品以防备因为延误或备降而不能按时返回。即使乘务员的回程航班有确定的起飞时间，也可能因为天气或机械故障而延误或取消。

3. 外派

乘务员可能被派到外地工作一段时间，在这期间将远离父母、兄弟姐妹和朋友。

4. 孤独

如果乘务员被派到外地了，在节假日里，他可能待在一个陌生的地方与从未谋面的人共同度过，这些变化会让乘务员感到孤独。为了适应这些变化，乘务员可以选择以下方法应对。

（1）通过电子邮件和手机与家人、朋友保持联系。

（2）向家人和朋友介绍职业性质并得到他们的支持。

（3）与家人和朋友举办一些特殊的派对或聚会来庆祝特殊的日子，即使庆祝活动与实际的日子并不吻合。

（4）在工作中遇到节假日，想办法与机组同事在旅途中进行庆祝。

（5）乘务员工作提供了非常好的了解和体验世界各地风光的机会。乘务员通过寄明信片、礼物、小饰品和其他代表所到城市的物品，与家人和朋友分享美景与见识。

二、民航乘务员的工作压力

在每一个航班上，乘务员都在与旅客接触，面对的情况千变万化，还可能遇到无法控制的突发状况，这些都需要乘务员从容应对，下面的方法对乘务员很有帮助。

（1）深呼吸：深呼吸有助于放松。

（2）微笑：积极的态度能让其他人放松。

（3）保持幽默：能从更积极的角度看待问题。

（4）放松：双手合十挤压，然后放开并转动肩膀，这些动作能消除肌肉紧张。

（5）宣泄：记日记，将挫折感发泄出来而不是转移到其他人身上，乘务员记日记也是一种自我提升方式。

（6）积极讨论：不要反复回忆自己的经历，努力尝试与其他人积极地讨论。

充分休息、勤于锻炼和良好的营养有助于乘务员减轻和应对一线工作的压力。

【项目实训】

分组进行正确提举练习。

【自我检测】

(1) 列举民航乘务员个人护理和保健有哪些方面。
(2) 列举遇到地震时必须采取的措施。
(3) 简述空中旅行对民航乘务员的身体健康有哪些影响。
(4) 哪些疫苗是民航乘务员通常需要接种的？
(5) 简述民航乘务员在飞行中吃哪些食品有益健康。
(6) 简述民航乘务员积极锻炼的好处。

附录 A　客舱广播词

一、起飞前

1. 引导入座广播

尊敬的各位女士、各位先生：

欢迎您搭乘××航空的班机旅行，请您对照手中登机牌上的号码对号入座，座位号码位于行李架边缘/阅读灯旁，手提行李请放在行李架上，并请放置整齐、稳妥，小件物品建议您放在您前排座椅下面。请您尽快入座以方便其他旅客顺利通过。

谢谢！

Ladies and gentlemen：

Welcome aboard ×× Airlines. Please take your seat according to your seat number. Your seat number is on the edge of the rack/near the reading light. Please make sure your hand baggage is stored in the overhead locker. Any small articles can be put under the seat in front of you. Please take your seat as soon as possible to keep the aisle clear for others to go through.

Thank you!

2. 确认航班信息广播

尊敬的各位女士、各位先生：

欢迎您搭乘坐××航空××航班由_____前往_____（中途降落_____），由_____至_____的空中飞行时间为_____小时_____分钟。今天由于_____，造成了本次航班的延误，耽误了您的行程，为此我们深表歉意。请各位旅客确认您的机票与登机牌，以免误乘航班。由于本次航班中途降落_____，请您妥善保管您的机票和登机牌。

谢谢！

【①航空交通管制　②航路军事禁航　③机场跑道繁忙　④机械故障　⑤天气　⑥装货　⑦行李装载　⑧飞机除冰　⑨跑道除冰】

Ladies and gentlemen:

Welcome aboard ×× Airlines flight ×× (NO._____) from _____ to _____ (via _____). We are flying to _____, the whole flight takes about _____ hours and _____ minutes. We apologize for the delay due to _____. Please check your ticket and boarding pass to make sure you're boarding the correct flight. For the flight to be landing midway _____, please take care of your boarding pass and ticket.

Thank you!

【① air traffic control ② the military ban along the route ③ the busy runway ④ maintenance matter ⑤ weather condition ⑥ loading of cargo ⑦ baggage loading ⑧ deicing of the aircraft ⑨ deicing of the runway】

3. 限制使用电子装置广播（飞机带娱乐系统无须播放此段广播）

尊敬的各位女士、各位先生：

欢迎您搭乘××航空的班机旅行。现在飞机舱门已经关闭，为了避免干扰通信导航系统，请您将手机包括具有飞行模式的手机及电子用品全部关闭。为了客舱安全，在飞行全程中请不要使用移动电源为电子设备充电，以免发生安全隐患。请系好安全带，收起旅客小桌板，调直座椅靠背，靠窗的旅客麻烦您将遮光板打开。我们提醒各位旅客，在客舱内禁止吸烟及使用雾化类电子烟等同类产品。根据中国民航局的规定，客舱乘务员只能履行安全职责。祝您旅途愉快！

谢谢！

Ladies and gentlemen:

Welcome aboard ×× Airlines. The cabin door has been closed. To be safe, please turn off your mobile phones and all electronic devices. For your safety, please don't use the mobile power during the whole flight. Please fasten your seat belt, ensure that your tables and seat backs are in an upright position and open the window shades. Smoking including the electronic one, is not permitted during the whole flight. According to the regulation of CAAC, our flight attendant can only carry out safe duty. We wish you a pleasant trip.

Thank you!

4. 安全示范广播

现在，乘务员将为您介绍（救生衣）、氧气面罩、安全带的使用方法和紧急出口的位置，请注意我们的示范和说明。为保证旅客人身安全，在紧急情况下应严格听从机组人员的指挥，在应急撤离中禁止携带行李。

We will show you the use of (life vest), oxygen mask, seat belt, and the location of the emergency exits. For your safety, please pay attention to our demonstration. You have to obey the instructions of crew and leave all carry-on baggage on board.

救生衣在您座椅下面的口袋里。使用时取出,经头部穿好。将带子扣好系紧。在出口处,您可以拉动充气阀门将救生衣充气,但在客舱内请不要充气。当充气不足时,请将救生衣上部的两个人工充气管拉出,用嘴向里充气。

Your life vest is located under your seat. To put the vest on, slip it over your head. Then fasten the buckles and the straps tightly around your waist. Please don't inflate while in the cabin. You can pull the tabs down firmly to inflate before evacuation. If your vest needs further inflation, blow into the tubes on either side of your vest.

氧气面罩储藏在您头顶上方的壁板里,当发生紧急情况时,面罩会自动脱出,请您用力向下拉面罩,然后将面罩罩在口鼻处,把带子套在头上就可以正常呼吸。

Your oxygen mask is stored in the compartment above your head, and it will drop automatically in case of emergency. When the mask drops, pull it towards you to cover your mouth and nose, and slip the elastic band over your head, and then breathe normally.

每位旅客的座椅上都有一条可以对扣起来的安全带,请您将安全带扣好并确认。如需要解开,只需将金属扣向外打开即可。您可以根据需要自行调节长度。

Each chair has a seat belt that must be fastened when you are seated. Please keep your seat belt securely fastened during the whole flight. If needed, you may release the seat belt by pulling the flap forward. You can adjust it as necessary.

【以 A319/A320 为例】本架飞机客舱内共有 6/8 个紧急出口,前舱 2 个,后舱 2 个,中间 2/4 个。请不要随意拉动紧急出口的手柄。地板上设有紧急照明装置,在紧急情况下请按指示路线撤离飞机。《安全须知》在您前排座椅背后的口袋里,请您在起飞前仔细阅读。
谢谢!

【A319/A320】There are six/eight emergency exits. Two in the front of the cabin, two in the rear and two/four in the middle. Please do not pull the handle of the emergency exit.

The lights located on the floor will guide you to the exits if an emergency arises. For further information, please refer to the safety instruction in the seat pocket in front of you.

Thank you!

5. 关门后等待起飞广播

尊敬的各位女士、各位先生：

这里是乘务长广播，接机长通知，由于_____的原因，我们正在等待起飞，请您稍加休息，感谢您的理解。如果您有任何需要，我们很乐意为您提供服务。

谢谢！

【①航空交通管制　②航路军事禁航　③机场跑道繁忙　④机械故障　⑤天气　⑥装货　⑦行李装载　⑧飞机除冰　⑨跑道除冰】

Ladies and gentlemen:

This is your purser speaking. We just receive the notice from captain. Due to _____, we are now waiting for departure, please remain seated and wait for a moment. If there is anything we can do for you, please let us know.

Thank you!

【① air traffic control　② the military ban along the route　③ the busy runway　④maintenance matter　⑤ weather condition　⑥ loading of cargo　⑦ baggage loading　⑧deicing of the aircraft　⑨deicing of the runway】

6. 等待后再次安全检查广播

尊敬的各位女士、各位先生：

我们的飞机很快就要起飞了。为了您的安全，乘务员将再次进行客舱的安全检查工作。请您检查手机包括具有飞行模式的手机及电子用品全部关闭，并请系好安全带，收起旅客小桌板，调直座椅靠背，打开遮光板。

谢谢！

Ladies and gentlemen:

We will take off shortly. For your safety, our flight attendants will check the cabin security, please turn off your mobile phones and all the electronic devices. Flight mode is prohibited either. Fasten your seat belt, ensure that your tables and seat backs are in an upright position and open the window shades.

Thank you!

7. 起飞前再次确认广播

尊敬的各位女士、各位先生：

飞机即将起飞，为了您的安全，请确认您的安全带扣好、系紧，手机及其他电子设备已经关闭。

谢谢！

Ladies and gentlemen：

We will take off shortly. Please make sure that your seat belts are securely fastened and keep your mobile phones and other electronic devices switched off.

Thank you！

8. 针对空调制冷效果不佳的安抚广播

尊敬的各位女士、各位先生：

由于本架飞机在地面停留期间空调制冷效果不太理想，造成目前客舱温度较高，对于给您带来的不适，我们深表歉意，这种情况在飞机起飞后会很快缓解。

谢谢！

Ladies and gentlemen：

You may feel a little bit hot now because the air conditioning system doesn't work well before take-off. We regret for this inconvenience at the moment. And you'll feel better after take-off.

Thank you！

二、起飞后

1. 飞机上升阶段提示广播

1）旅客起身或在客舱中走动时广播

尊敬的各位女士、各位先生：

这里是乘务长广播，我们的飞机正处于上升的关键阶段，随时可能会遇到颠簸。为了您的安全，请暂时不要离开座位，站在客舱中的旅客请注意，请您马上回到座位上坐好，并确认安全带扣好、系紧。

谢谢！

Ladies and gentlemen：

This is your purser speaking. We are climbing now and we may encounter some turbulence. For your safety, if you are standing now, do return to your seat. Please remain seated and fasten your seat belt.

Thank you!

2）旅客按呼唤铃时广播

尊敬的各位女士、各位先生：

这里是乘务长广播，飞机在上升过程中，可能会遇到颠簸。根据中国民航局规定，为了客舱安全，我们将在飞机起飞20分钟后为您提供客舱服务，敬请谅解。

谢谢！

Ladies and gentlemen:

This is your purser speaking. We are climbing now and we may encounter some turbulence. According to regulation of CAAC, to be safe, we will provide cabin service after take-off 20 minutes. We will serve you soon.

Thank you!

2. 航线及服务介绍广播

尊敬的各位女士、各位先生：

我是本次航班的乘务长（中文名），欢迎您搭乘××航空的班机旅行。

您今天乘坐的是××型飞机，飞机正在前往＿＿＿＿＿，我们将与您一同度过＿＿＿＿＿小时＿＿＿＿＿分钟的空中时光，预计在＿＿＿＿＿点＿＿＿＿＿分抵达目的地。

根据中国民航局规定，为了客舱安全，我们将在飞机起飞20分钟后为您提供客舱服务。

旅途中可能会遇到颠簸，请您全程系好安全带。如果您使用毛毯，请将安全带系在毛毯之外，以免我们检查确认时打扰到您的休息。

愿您有一个温馨、舒适的空中之旅。

谢谢！

Ladies and gentlemen:

This is (英文名) speaking, Welcome aboard ×× Airlines.

The plane you are taking is ××. Now we are going to ＿＿＿＿, the whole flight takes about ＿＿＿＿ hour (s) ＿＿＿＿ minutes. We will be landing at our destination at (time). According to regulation of CAAC, to be safe, we will provide cabin service after take-off 20 minutes.

We may encounter some turbulence, please fasten your seat belt when you are seated and make the seat belt outside your blanket to avoid being bothered.

We wish you a pleasant journey!

Thank you!

3. 行礼广播

尊敬的各位女士、各位先生：

欢迎您搭乘××航空的班机旅行。我们全体工作人员将竭诚带给大家一个轻松、愉快的空中旅程。

谢谢！

Ladies and gentlemen：

Welcome aboard ×× Airlines. And our cabin crew will spare no effort to provide you with excellent service.

Thank you!

4. 颠簸广播

尊敬的各位女士、各位先生：

我们的飞机现在遇有（颠簸程度）颠簸，请您系好安全带。

餐饮服务提示：正在用餐的旅客，请小心您餐桌上的饮料和食品。

使用洗手间提示：洗手间暂停使用，正在使用洗手间的旅客，请您注意抓好扶手。

颠簸期间：颠簸期间，我们将暂停服务工作，感谢您的理解。

谢谢！

Ladies and gentlemen：

We are encountering some turbulence. Please fasten your seat belt.

Food：Please be careful of your food and drink.

Lavatory：Lavatory is not to be used. When you are using lavatory, please hold the handle tightly.

During turbulence：During turbulence we will stop the cabin service.

Thank you!

三、落地前

1. 落地前信息预报及安全检查广播

1）国内落地前 30 分钟广播

尊敬的各位女士、各位先生：

飞机将在 30 分钟后抵达_____。现在是北京时间_____点_____分。目前

(天气晴朗/有雨/下雪），地面温度是（零下）_____摄氏度。（请您注意温度变化。）请您提前整理好随身物品。乘务员将收回毛毯。

我们的飞机已经开始下降，洗手间停止使用。根据中国民航局的规定，在此期间乘务员只能履行安全职责。现在，乘务员将进行客舱的安全检查，为了您的安全，请您系好安全带、收起旅客小桌板、调直座椅靠背、打开遮光板。请关闭所有电子用品。

在飞机下降期间，客舱压力会发生变化，如果您感觉耳痛，可以通过吞咽动作来缓解。

谢谢！

Ladies and gentlemen：

We will be landing at _____ Airport in about _____ minutes. Now it is (time). The weather is (clear/ rainy/snowy) and the temperature is (minus) _____ degrees centigrade. (Please pay attention to the change of temperature.) Please arrange all your belongings in advance. Please return your blankets to the flight attendants.

We are descending now, the lavatory has been closed. According to the regulations of CAAC, our flight attendants, can only carry out safe duty during descent. Now, the cabin crew will conduct a safety inspection of the cabin. To be safe, please fasten your seat belt, bring your seat back and table to the upright position and open the window shades. All electronic devices should be turned off.

During descent, your ears may feel uncomfortable because of the changing of cabin pressure. And you can overcome it by swallowing.

Thank you!

2）还礼广播

尊敬的各位女士、各位先生：

我们即将到达_____机场。

（1）感谢您搭乘我们的班机旅行，真诚地希望您旅途愉快，期待着与您的再一次相逢。

（2）非常感谢您在航班延误期间对我们工作的理解和支持。我们期待再次与您相遇！

谢谢！

Ladies and gentlemen：

We will be landing at _____ Airport.

(1) Thank you for flying with us. We hope you had a pleasant journey and look forward to

seeing you again.

(2) We are very sorry for the delay. Thank you for your understanding. We look forward to seeing you again.

Thank you!

3) 下降安检

尊敬的各位女士、各位先生：

我们的飞机已经开始下降，洗手间停止使用。根据中国民航局的规定，在此期间乘务员只能履行安全职责。现在，乘务员将进行客舱的安全检查，为了您的安全，请您系好安全带、收起旅客小桌板、调直座椅靠背、打开遮光板。请关闭所有电子用品。

在飞机下降期间，客舱压力会发生变化，如果您感觉耳痛，可以通过吞咽动作来缓解。

谢谢!

Ladies and gentlemen:

We are descending now, the lavatory has been closed. According to the regulation of CAAC, our flight attendants, can only carry out safe duty during descent. Now, the cabin crew will conduct a safety inspection of the cabin. To be safe, please fasten your seat belt, bring your seat back and table to the upright position and open the window shades. All electronic devices should be turned off.

During descent, your ears may feel uncomfortable because of the changing of cabin pressure. And you can overcome it by swallowing.

Thank you!

2. 飞行下降阶段旅客起身或在客舱中走动时提示广播

尊敬的各位女士、各位先生：

这里是乘务长广播，我们的飞机正处在下降的关键阶段，可能会遇到颠簸。请您不要离开座位，并确认安全带已经扣好、系紧。

谢谢!

Ladies and gentlemen:

This is your purser speaking. For your safety, please sit down and fasten your seat belt. We are descending now and we may encounter some turbulence.

Thank you!

3. 落地前再次确认广播

尊敬的各位女士、各位先生：

飞机即将着陆，为了您的安全，请确认您的安全带已经扣好、系紧，在舱门开启之前请不要打开手机电源。

谢谢！

Ladies and gentlemen：

We will be landing shortly. Please make sure that your seat belt is securely fastened and keep your mobile phones power off before the hatch is opened.

Thank you！

四、落地后

1. 落地广播

尊敬的各位女士、各位先生：

我们已经来到＿＿＿＿＿＿，＿＿＿＿＿＿距市区＿＿＿＿＿＿千米。

现在飞机还在滑行中，请您不要打开手机电源，以免干扰机组与地面的通信联络。同时请您不要离开座位提拿行李，以防止行李滑落砸伤您或周围的旅客。在飞机完全停稳后，我们会调亮客舱灯光提示您，届时请您小心开启行李架提取行李，并准备下飞机。

延误航班：今天由于（　　　　　），造成了本次航班的延误，耽误了您的行程，为此我们全体机组人员再一次向您深表歉意。

经停航班：继续前往＿＿＿＿＿＿的旅客朋友们，请您先在座位上休息，我们将尽快广播告诉您后续的具体安排。

节日广播：并再次恭祝您＿＿＿＿＿＿快乐。

感谢您选乘××航空的班机，我们期待着与您再一次相聚。

【①航空交通管制　②航路军事禁航　③机场跑道繁忙　④机械故障　⑤天气　⑥装货　⑦行李装载　⑧飞机除冰　⑨跑道除冰】

Ladies and gentlemen：

We have arrived in ＿＿＿＿＿＿, the distance between ＿＿＿＿＿＿ and downtown is ＿＿＿＿＿＿ kilometers.

We are taxing now, for your safety, please keep your mobile phones powered off, in case of disturb communicate between cockpit and control tower, also please do not open the overhead locker. When the airplane has come to a complete stop, we will brighten the cabin, then please open the overhead locker carefully, and then you can get ready for disembarkation.

Delays：We apologize for the delay due to _____.

Transit：Passengers continuing to _____ are requested to stay in your seat until we have further information for you.

Festival：We wish you all a _____……

Thank you for flying with ×× Airlines and see you next time！

【①air traffic control　②the military ban along the route　③the busy runway　④maintenance matter　⑤weather condition　⑥loading of cargo　⑦baggage loading　⑧deicing of the aircraft　⑨deicing of the runway】

2. 落地后飞机滑行中旅客起身、开启行李架、打开手机电源广播

1）滑行中旅客起身、开启行李架广播

尊敬的各位女士、各位先生：

这里是乘务长广播，我们的飞机还没有滑行到指定的停机位，请在客舱中（站立/走动/开启行李架）的旅客（立即坐下/关闭行李架）。

谢谢。

Ladies and gentlemen：

This is the purser speaking, our plane is still taxiing now, the passenger who is (standing/walking /opening the overhead locker), please (sit down/ close the overhead locker) at once.

Thank you！

2）落地后开启手机电源广播

尊敬的各位女士、各位先生：

这里是乘务长广播，我们的飞机还在滑行中，为了您的安全，请将手机电源关闭。

谢谢！

Ladies and gentlemen：

This is the purser speaking. Our plane is still taxiing now, for your safety, please keep your mobile phones powered off.

Thank you！

3. 飞机停靠廊桥广播

尊敬的各位女士、各位先生：

我们的飞机停靠在_____机场_____（航站）楼，由于飞机连接客梯廊桥，请您带好随身物品从前登机门下飞机！

谢谢！

Ladies and gentlemen:

Our plane has stopped at the NO. _____ Building of _____ Airport. Please get your belongings ready and disembark through the front air bridge.

Thank you!

4. 飞机停靠客梯车广播

尊敬的各位女士、各位先生：

请到达_____的旅客带好随身物品从前后登机门下飞机，乘坐机场摆渡车到达候机楼。

现在外面正在下雨，因地面较滑，请您小心下机。

谢谢！

Ladies and gentlemen:

Please get your belongings ready and disembark through the front (and rear) passenger ramp. You can take the shuttle bus to the terminal building.

It's very slippery outside because of rain. Please mind your step as you disembark.

Thank you!

5. 过站旅客不下飞机

尊敬的各位女士、各位先生：

继续前往_____的旅客请注意，请您不要下飞机，在座位上休息等候，我们会尽快安排_____的旅客上飞机，休息期间请不要吸烟，需要帮助时请与我们联系。

（更换乘务组：后续航班将由另一个优秀的乘务组继续为您服务，祝您旅途愉快。）

谢谢！

Ladies and gentlemen:

Passengers continuing to _____ are requested to stay on board. We will take off shortly. Please don't leave the cabin and smoking is not permitted. If there is anything we can do for you, please let us know.

(There will be a change of cabin crew here. On behalf of my team, I would like to wish you a pleasant journey.)

Thank you!

6. 过站旅客下飞机

继续前往_____的旅客请注意：

接下来我们将安排大家在_____机场休息，等候大约_____分钟的时间，请您拿好您的登机牌或机票，贵重物品麻烦您随身携带，您的大件物品及书籍、杂志、未用完的食品等所有小件物品可以放在飞机上。在候机楼休息期间，请留意再次登机的广播。

（更换乘务组：后续航班将由另一个优秀的乘务组继续为您服务，祝您旅途愉快。）

谢谢！

Ladies and gentlemen：

Please take your boarding pass or ticket with you and wait for about _____ minutes in the terminal. you can leave large baggage and some small articles like books and foods on board, but we suggest you take all valuables with you. Please pay attention to the re-boarding announcement.

(There will be a change of cabin crew here. On behalf of my team, I would like to wish you a pleasant journey.)

Thank you！

7. 同机中转旅客下飞机，需带所有行李物品广播

继续前往_____的旅客请注意：

接下来我们将安排大家在_____机场休息，等候大约_____分钟的时间。请拿好您的登机牌或机票，所有行李物品请您随身携带。在候机楼休息期间，请留意再次登机的广播。

（更换乘务组：后续航班将由另一个优秀的乘务组继续为您服务，祝您旅途愉快。）

谢谢！

Ladies and gentlemen：

Please take your boarding pass or ticket with you and wait for about _____ minutes in the terminal. You have to take all your belongings with you. Please pay attention to the re-boarding announcement.

(There will be a change of cabin crew here. On behalf of my team, I would like to wish you a pleasant journey.)

Thank you.

五、航班特殊情况

1. 延误广播

1）首次延误广播（超过起飞时间 10 分钟）

尊敬的各位女士、各位先生：

这里是乘务长广播。由于_____的原因，我们的飞机暂时不能起飞/正在等待起

飞。我们的飞机预计需要等待（时间）。

我们的机组人员正在积极地与塔台进行联系，争取能够尽快起飞/我们的维修人员正在排除故障。

【旅客机上休息】请您在座位上休息等候，我们将为您提供_____服务。

【信息预报】_____分钟后我们将再次为您报告进展情况。

【到候机楼休息】请您带好全部手提物品准备下飞机/您的手提物品可以放在飞机上，但贵重物品请您随身携带好。请跟随地面工作人员到候机楼休息，等候广播通知上飞机。

本次航班的延误，给您带来诸多不便，在此我们向您深表歉意。感谢您的谅解和配合！

【①航空交通管制 ②航路军事禁航 ③机场跑道繁忙 ④机械故障 ⑤天气 ⑥装货 ⑦行李装载 ⑧飞机除冰 ⑨跑道除冰】

Ladies and gentlemen：

This is your purser speaking. Due to _____, we are now waiting for departure clearance. We will take off in about _____ minutes.

Our captain is now communicating with the control tower. /Our maintenance technicians are ensuring that our systems are ready for departure.

【Wait on board】Please remain seated and wait for a few moments. We will serve you _____ .

【information】We will provide further information in about _____ minutes.

【Wait in the terminal building】Please take all of your personal belongings with you/Your carry-on luggage can be left on board, however do not leave any valuables on board. Please wait in the terminal building and wait for boarding instructions.

We apologize for the inconvenience. Thank you for your cooperation.

【①air traffic control ②the military ban along the route ③the busy runway ④maintenance matter ⑤weather condition ⑥loading of cargo ⑦baggage loading ⑧deicing of the aircraft ⑨deicing of the runway】

2）第二次广播

尊敬的各位女士、各位先生：

这里是乘务长广播。

【获得具体时间】飞机预计在（时间）可以获准起飞。

【仍无具体时间】目前我们暂时还没有得到具体的起飞时间。我们的机组人员正在积极地与塔台进行联系，争取能够尽快起飞/我们的机务人员正在排除故障。

我们会及时向您通报最新的进展信息，感谢您的耐心与谅解！

Ladies and gentlemen：

This is your purser speaking.

【Take off soon】 Our plane will be taking off at _____.

【Still waiting】 We have not received our clearance for departure yet. Our captain is in the process of obtaining approval for departure ／ Maintenance staff is handling some technical issues.

As soon as we receive further information, we will make an announcement. Thank you for your understanding and cooperation.

2. 除冰广播

尊敬的各位女士、各位先生：

这里是乘务长广播，刚刚收到机长的通知，由于天气异常寒冷，导致机身结冰，为确保飞行安全，我们正在进行除冰工作。我们的航班将推迟_____分钟起飞，请各位旅客在座位上休息等候，有进一步的消息，我们会及时通知您。

谢谢！

Ladies and gentlemen：

This is your purser speaking. We have just been informed by the captain that our departure will be delayed for _____ minutes, because ice may have formed on the aircraft because of the cold weather. The aircraft is now being deiced. Please remain in your seat. We will provide you with more details as soon as they become available.

Thank you!

3. 备降广播

1）备降前广播

尊敬的各位女士、各位先生：

这里是乘务长广播，接机长通知，由于_____原因，我们无法降落在_____机场，现在我们正飞往_____，做短暂停留。大约（时间）后，我们将到达_____。乘务员将进行客舱的安全检查，为了您的安全，请您系好安全带、收起旅客小桌板、调直座椅靠背、打开遮光板。

谢谢！

Ladies and gentlemen:

This is your purser speaking. We just receive the notice from captain that due to _____, we can't land at _____ Airport. We are now flying to _____. After (time), we will arrive at _____. Our flight attendants will check the cabin security. Please fasten your seat belt, ensure that your table and seat back are in an upright position and open the window shades.

Thank you!

2) 备降落地后广播

尊敬的各位女士、各位先生：

本架飞机已经降落在_____机场。现在飞机还在滑行中，请您不要离开座位提拿行李，同时请您不要打开手机电源，以免干扰机组与地面的通信联络。我们将随时为您通报有关情况。

谢谢！

Ladies and gentlemen:

We have just landed at _____ Airport. Our plane is still taxiing now. Please remain seated until the plane has come to a complete stop. Please keep your mobile phones power off. We'll have further information for you shortly.

Thank you!

4. 空中盘旋广播

尊敬的各位女士、各位先生：

这里是乘务长广播，刚刚接机长通知，由于_____机场天气不好，飞机暂时无法降落，我们正在机场上空盘旋。如有进一步的消息，我们将随时通知您。

谢谢！

Ladies and gentlemen:

This is your purser speaking. Due to unfavorable weather conditions at _____ Airport, we have been ordered to circle over _____ Airport until we receive new instructions.

Thank you!

5. 返航广播

尊敬的各位女士、各位先生：

这里是乘务长广播，我们非常抱歉地通知您，刚刚接机长通知，由于_____原因，我们决定返回_____机场。飞机将于_____后到达_____机场。对于给您造成的不便，我们深表歉意，希望能得到您的谅解。

谢谢！

【①航空交通管制 ②航路军事禁航 ③机场跑道繁忙 ④机械故障 ⑤天气】

Ladies and gentlemen：

This is your purser speaking. We just receive the notice from captain and sorry to inform you that we will return to _____ Airport due to _____. We expect to land at _____ Airport at （time）. We apologize for any inconvenience. Your understanding will be very much appreciated.

Thank you！

【①air traffic control ②the military ban along the route ③the busy runway ④maintenance matter ⑤weather condition】

6. 航班取消广播

尊敬的各位女士、各位先生：

我们非常抱歉地通知您，由于_____原因，我们决定取消今天的飞行，将在_____过夜。请您带好全部行李下飞机。起飞时间定于明天（时间）/起飞时间另行通知。

对于给您造成的不便，我们全体机组人员向您表示歉意并希望能得到您的谅解。

谢谢！

Ladies and gentlemen：

We are very sorry to inform you that the flight has been canceled due to _____. We will have to stay overnight at _____. Please take all your belongings with you while leaving the plane. The plane will take off at _____ （time） tomorrow/We'll have further information for you later.

We apologize for any inconvenience. Your patience and understanding will be very much appreciated.

Thank you！

7. 换乘广播

尊敬的各位女士、各位先生：

这里是乘务长广播，非常抱歉地通知大家，由于机械故障/飞机调配，为了确保大家的旅途安全，现在决定换乘另一架飞机。请您带好全部物品，随同地面工作人员下飞机。对于给您造成的不便，我们深表歉意，感谢您的理解和配合。

谢谢！

Ladies and gentlemen:

This is your purser speaking. We regret to inform you that we will have to transfer to another aircraft due to mechanical problem/aircraft allocation. Please take all your belongings when you disembark and follow our ground staff to the new aircraft. We apologize for any inconvenience. Your understanding and cooperation will be very much appreciated.

Thank you!

8. 等待旅客（装货、舱单）广播

尊敬的各位女士、各位先生：

由于本架飞机还有部分旅客尚未登机（还在装载货物/舱单未到），请您在座位上稍加等候，对于给您造成的不便，我们深表歉意，感谢您的理解。

谢谢！

Ladies and gentlemen:

We are now waiting for some passengers to join us (cargo loading/some documents). Please remain seated and wait for a moment. We apologies for any inconvenience and thank you for your understanding.

Thank you!

六、辅助广播

1. 广播找医生

尊敬的各位女士、各位先生：

现在飞机上有位重病旅客/有位旅客需要使用机上处方药，如果哪位旅客是医生或护理人员，请马上与乘务员联系。

谢谢！

Ladies and gentlemen:

There is a sick passenger on board/There is a passenger who need to use prescription drug. If you are medical personnel, please contact us.

Thank you!

2. 清点人数广播

尊敬的各位女士、各位先生：

现在我们需要重新核对机上旅客人数，请您在座位上坐好，请不要使用洗手间。

谢谢！

Ladies and gentlemen：

We are going to make a check of the number of passengers on board. Please remain in your seat and do not use the lavatory.

Thank you！

3. 对号入座广播

尊敬的各位女士、各位先生：

为了飞机的配载平衡，确保您的安全，请您按照手中登机牌的号码对号入座。

谢谢！

Ladies and gentlemen：

We must keep the balance for the aircraft. Please take your seat according to your seat number.

Thank you！

4. 清舱广播

尊敬的各位女士、各位先生：

由于本架飞机有旅客临时终止旅行/临时退票，为了确保飞行安全，机场工作人员将对飞机进行安全清舱工作，请您给予协助。

（1）现在请各位旅客协助工作人员指认客舱中自己的行李。

（2）请所有旅客带上您的全部行李下飞机，在廊桥上等候/重新进行安全检查。

对于给您造成的不便，我们深表歉意，感谢您的合作。

谢谢！

Ladies and gentlemen：

Because some passengers deplane earlier/require to refund their tickets, the ground staff of the airport will make a safety check of the cabin.

（1）Please assist the ground staff to identify all your belongings in the cabin.

（2）Please carry all your belongings to disembark and wait on the air bridge /go through the security check at the terminal.

We apologize for any inconvenience and we thank you for your cooperation！

Thank you！

5. 寻物启事广播

尊敬的各位女士、各位先生：

现在广播寻物启事，如有旅客拾到_____，请与客舱乘务员联系或按头顶上方的呼唤铃。

谢谢！

Ladies and gentlemen：

Any passenger who has found _____, please contact our flight attendant, or press the call button overhead.

Thank you!

6. 失物招领广播

尊敬的各位女士、各位先生：

我们现在捡到_____，如果是您遗失的，请与乘务员联系。

谢谢！

Ladies and gentlemen：

We just found a _____. The passenger who has lost it, please contact our flight attendant.

Thank you!

7. 等待摆渡车广播

尊敬的各位女士、各位先生：

由于前一辆摆渡车载客已满，外面正在下雨/雪，请您在客舱中等候下辆摆渡车的到来。

谢谢！

Ladies and gentlemen：

The shuttle bus is fully loaded and it is raining/snowing outside, please wait in the cabin for a few minutes.

Thank you!

附录 B　特殊餐食介绍

表 B-1　特殊餐食介绍

特殊餐食及其代码	特　　点
婴儿餐 BBML INFANT BABY FOOD	机上配的通常是商业性餐食，包括洗净、滤干的水果、蔬菜、肉类及甜点。一些航空公司提供标准的婴儿套餐包，另外一些航空公司则让配餐商提供罐装的婴儿食品
低纤维餐 BLML BLAND SOFT MIEAL	低脂食品——食物低纤维、残渣少。没有造成胃部不适的饮料或食物，没有味道过重可能引起不适的食物
儿童餐 CHML CHILD MEAL	儿童餐通常是为2岁及以上的儿童准备的，5岁以上的儿童通常可以吃普通旅客餐。然而，部分航空公司允许预订特别的热餐
糖尿病餐 DBML DIABETIC MEAL	增加了复合糖化物（高纤维、低脂肪，热量大约为24小时内2000~2400卡路里）
水果餐 FPML FRUIT PLATTER MEAL	新鲜水果或者听装的不添加糖分的水果（无添加剂，水果的种类根据当地供应情况来定）
无麸质餐 GFML GLUTEN-FREE MEAL	不包括任何用小麦、黑麦、大麦和燕麦制作的食物
高纤维餐 HFML HIGH FIBRE MEAL	包括含有水溶或非水溶纤维的食物（水果、蔬菜、高纤维谷物制品、豆类、坚果）
低卡路里餐 LCML LOW CALORIE MEAL	增加了糖复合物，高纤维，低脂肪，热量大约为24小时内1200卡路里

续表

特殊餐食及其代码	特　点
低脂肪、低胆固醇餐 LFML LOW CHOLESTEROL/ LOW FATMEAL	增加合成碳水化合物，高纤维，低脂肪，低膳食胆固醇
低蛋白质餐 LPML LOW PROTEIN MEAL	低蛋白质，限制使用高生物蛋白食物（肉、鱼、蛋和乳制品），避免使用含盐量高的食物，在加工食物时不要加盐
低钠无盐餐 LSML LOW SALT ADDED MEAL	在加工食物时不能使用盐，不可使用腌制食物，钠含量尽可能少
无乳糖餐 NLML NON-LACTOSE MEAL	新鲜蔬菜、肉类、家禽、奶/饮料
低咖啡因餐 PRML LOW PURINE MEAL	咖啡因含量极低，脂肪含量适中，水果和蔬菜不限
海鲜餐 SFML SEA FOOD MEAL	根据旅客的需要制作的海鲜
素餐 VLML/VGML/AVML/RVML VEGETARIAN MEALS	蛋奶素食：没有任何肉或者肉制品，可以有乳制品和蛋 纯粹素食：没有任何肉或肉制品，乳制品、蛋和蜂蜜也不能有 生蔬菜：各种蔬菜

附录 C　客舱服务语言规范

第一部分　迎客服务

1. 普通旅客登机

您好，欢迎您乘机！

早上/上午/中午/下午/晚上好！欢迎乘机！

2. 常旅客登机

某先生/女士，很高兴又见到您！今天又有机会为您服务了！

3. 航班延误时，旅客登机

您好，非常抱歉让您久等了！辛苦了！

4. 协助旅客找座位

您好，需要我为您确认座位吗？

您好，请出示一下您的登机牌，谢谢！

您的座位是＊排＊座，在客舱＊部右/左边靠窗的座位，座位号码在行李架的两侧，您注意看一下！

5. 旅客不对号入座

先生/女士您好，我能看一下您的登机牌吗？您的座位在＊排＊座，请您先回原位就座，起飞后再调整座位，好吗？谢谢您的配合！

6. 旅客座位重座

很抱歉，这是我们工作中的失误，现在给您重新安排座位好吗？谢谢您！

7. 普通舱旅客在头等/公务舱就座

先生/女士您好，我能看一下您的登机牌吗？您的座位在＊排＊座，我带您过去好吗？如果您有行李，我为您拿。

8. 旅客安放行李，堵住过道时

先生/女士您好，稍后我来为您安放行李，请您先就座好吗？谢谢！

先生/女士您好，麻烦您稍侧身，让您身后的旅客通过好吗？谢谢！

9. 旅客要求乘务员放置过重行李

好的。（感受一下行李的重量）行李有点重，我们一起放上去好吗？

好的。行李有点重，我一个人放不了，稍后我请其他同事协助我一起放吧！请您先稍等一下。

10. 旅客将行李物品放在厨房舱门处/紧急出口处

先生/女士您好，非常抱歉这里是出口通道，不能放置行李物品的，我为您把行李放到...

11. 旅客要求乘务员保管易碎怕压或贵重物品

很抱歉！先生/女士，您最好自己保管易碎/贵重物品，因为我们在工作时无法全程看管，感谢您的理解！

12. 后排旅客将行李放在前舱行李架

先生/女士您好，为了便于照管好行李，建议您最好将行李放在您座位附近的行李架内。

第二部分　客舱安全检查及飞行关键阶段

1. 安检语言

您好！先生/女士，飞机很快就要起飞了/已经下降了，请您系好安全带/调直座椅/收起小桌板/协助打开遮光板！谢谢！

2. 旅客把包放在过道或安全出口

您好！先生/女士，这里是紧急出口，不能摆放行李，我为您把行李放在行李架里好吗？谢谢！

3. 飞机即将起飞，有旅客需要饮料服务

很抱歉！先生/女士，为了安全，飞机在起飞时我们将停止服务供应，等飞机平飞后，我马上给您送来好吗？感谢您的配合！

4. 飞机马上起飞，突然听到手机响

我们的飞机马上就要起飞了，请您立即关闭手机。感谢您的配合！

5. 坐在紧急出口的旅客触动手柄

先生/女士，这是紧急出口手柄，正常情况下请勿触动，现在我为您介绍一下紧急出口的使用方和注意事项（出口介绍），如有疑问，我很乐意为您解答，谢谢！

6. 飞机滑行/飞行过程中，小朋友在过道玩耍

先生/女士，空中飞行经常会遇到突然颠簸，为了孩子的安全，请您看管好小朋友。谢谢！

7. 特殊旅客坐在紧急出口的位置

对不起！女士/先生，打扰一下，因为这是紧急出口的座位，按照民航法的相关规定，您不方便坐在这里，我为您调换一下好吗？

8. 起飞爬升阶段和落地滑行，旅客离座

女士/先生，飞机现在正在上升高度/飞机还在滑行，请您在座位上坐好系好安全带。

第三部分 客舱服务

1. 机上没有配备旅客需要的报纸

非常抱歉！本次航班没有配备《体育报》，如果您想阅读体育新闻，《深圳特区报》有体育版块，您需要一份吗？

2. 一名旅客想要多份报纸

抱歉！由于机上报纸数量有限，请您先选择一种，稍后我为您跟其他旅客调换其他种类的报纸，您看可以吗？

3. 当旅客在报车上自取报纸时

您好！先生/女士，您需要哪种报纸？我为您拿。

4. 饮料服务

您好！先生/女士，我们为您准备了…（饮料介绍）请问您喜欢哪种？

您好！先生/女士（旅客正在看报），打扰您，我们为您准备了…（饮料介绍）请问您喜欢哪种？

5. 旅客多次要啤酒

先生/女士，很抱歉！飞机上空气很干燥，高空飞行喝过量的酒对身体不好，我为您倒杯加冰块的饮料好吗？（如果旅客执意要喝，从安全角度告之限量供应啤酒的规定）。

6. 旅客使用方言或语言不清晰

非常抱歉！先生/女士，刚才我没听懂/听清您的话，您能再说一遍吗？

7. 旅客主动从餐车上拿饮料

先生/女士，您好，请问您需要什么？我来为您拿好吗？

8. 旅客不接饮料

先生/女士，这是为您准备的饮料，请拿好。

9. 旅客需要的饮料没有或已发完

很抱歉！我们没有配备菠萝汁/菠萝汁已发完，您要不要试一下橙汁/桃汁，味道也不错，请问您需要来一杯吗？

10. 在客舱中推餐车时

您好！先生/女士，请您收一下脚，小心碰到您，谢谢！

11. 向旅客介绍餐食

您好！先生/女士，今天我们为您准备了鸡肉米饭和牛肉面条，请问您喜欢哪一种？

12. 递餐服务

您好！先生/女士，这是您需要的鸡肉米饭，请慢用！/小心烫，请拿好！

13. 不配餐的航班上，有旅客需要用餐

先生/女士，很抱歉！我们在短程航班不供应餐食，我给您拿包饼干/点心，好吗？

14. 素食已经发完，有旅客提出要素食

很抱歉！先生/女士，素食已经送完了，请问您在换登机牌时提出需要特殊餐食了吗？建议您下次办理乘机手续时向工作人员提出特殊餐食需求，这样飞机上就有一份特别为您准备的餐食了，稍后如果有富裕的点心，我再为您送来好吗？

15. 旅客需要加餐

您好！先生/女士，我为您看一下，如果有富余的，马上给您送过来。

很抱歉，米饭已经送完了，但我们还有面包和其他小吃，您看可以吗？

16. 旅客对餐食不满意

很抱歉！先生/女士，您觉得哪些地方做得不好，我们会向配餐部门及时反馈您的意见，我们还配备了…（餐食介绍），不知道合不合您的口味，您需要尝试一下吗？

17. 旅客需要的餐食已送完

很抱歉！先生/女士，鸡肉米饭已经送完了，牛肉面条味道也很不错，您可以尝一下！

18. 旅客不需要餐食

您好！先生/女士，需要为留餐吗？稍后您需要时，我再为您送过来。

19. 收餐服务

先生/女士，我能为您收餐了吗？/我可以为您清理一下小桌板吗？

先生/女士，您好，请问您的餐用完了吗？需要我为您收走吗？谢谢！

先生/女士，我为您把用完的餐盒收走好吗？谢谢！

20. 旅客的餐食没吃完，要将餐盘带下机

先生/女士，我把餐食/点心用食品袋包上好吗？因为我们的餐具需要回收，很抱歉！

21. 收餐时，还有个别旅客在用餐

先生/女士，您不用着急，等您用完后，我再来收餐盒。

22. 清洁小桌板

您好！先生/女士，我为您清洁一下小桌板，当心弄脏您的衣物。

23. 地板上有果皮纸屑

主动捡起杂物，（小声）先生/女士，很抱歉！我忘告诉您了，清洁袋在您座椅前的口袋里，专供放置杂物时使用。

主动捡起杂物，（小声）先生/女士，很抱歉！我收餐来晚了，稍后如果您需要帮助可按呼唤铃，我很乐意为您服务。

24. 旅客座椅前的清洁袋未及时更换

很抱歉！我们的清洁工作没做好，我马上为您更换。

25. 清洁洗手间

您好！先生/女士，我先清理一下洗手间好吗？请您稍等！

您好！先生/女士，我们正在清洁洗手间，很快就好。谢谢！

26. 旅客询问洗手间位置

先生/女士，洗手间在这边，门推一下/拉一下就可以打开了。

27. 旅客不会/没有锁闭洗手间

先生/女士，这是洗手间门锁，轻轻一拉就可以锁闭了。（示范）

28. 旅客脚下或座位边堆放散乱的报纸

您好！先生/女士，这些报纸您阅读完了吗？我为您收走/整理放在座椅口袋里，好吗？

28. 与坐在无人陪伴儿童/老人身边旅客沟通

您好！先生/女士，您身边的这位小朋友/老人没有家人陪同乘机，我们会对他进行特别照顾，同时也请您关注一下这位小朋友/老人，如果他有任何需求，请您协助按呼唤铃叫我们好吗？谢谢！